米奇奥斯卡（Mousecar）

华特设立了"米奇奥斯卡"奖（致敬奥斯卡金奖），颁发给有"杰出贡献"的人。

罗伊·O·迪士尼是第一位米奇奥斯卡奖得主。

高飞奖（The Goof）

我让前迪士尼动画师、香港迪士尼乐园和迪士尼游轮的创意总监乔·兰齐塞罗设计了"高飞奖"，颁发给"未完成和不理想项目"。

戒律 #1
汽车总动员

"汽车总动员"位于迪士尼加州冒险乐园。

戒律 #2
小飞象邓波

"小飞象邓波"是一头飞翔的小象，位于华特迪士尼神奇王国主题区幻想世界。

戒律 #3　夺宝奇兵
"夺宝奇兵"与其"禁眼神殿"都位于迪士尼乐园探险世界。

戒律 #4　梦幻城堡
全世界的迪士尼乐园里都有梦幻城堡。

戒律 #5 　明日世界主题公园

明日世界主题公园位于华特迪士尼乐园。

戒律 #6 　小飞侠天空之旅

"小飞侠天空之旅"位于迪士尼乐园幻想世界。

戒律 #7 "文明演进之旋转木马"的起源

大概在 1957 年,迪士尼原画师爱迪生·斯奎尔萌生了创建"文明演进之旋转木马"的想法,灵感主要来源于:

1964 年~1965 年,纽约世界博览会
1967 年~1972 年,迪士尼乐园
1975 年至今,华特迪士尼乐园幻想世界

戒律 #8 上海迪士尼乐园

早期建设时航拍的上海迪士尼乐园。

戒律 #9
小小世界

1964 年～1965 年，纽约世界博览会
1966 年，迪士尼乐园
1971 年，幻想世界
1983 年，东京迪士尼乐园
1992 年，巴黎迪士尼乐园
2005 年，香港迪士尼乐园

戒律 #10
美国馆

"美国馆"位于华特迪士尼乐园明日世界主题公园。

1964年纽约世博会上，我为通用电气董事会拍了一部短片，华特、鲍勃与迪克·谢尔曼在短片中一起演唱了 There's a Geat Big Beautiful Tomorrow。

这是明日世界幻想馆中的动画明星，长着两个小翅膀的 Figment。灵感来源于迪克和鲍勃·谢尔曼所创作的 One Little Spark：

    Two tiny wings, Eyes big and yellow
    Horns of a steer, But a loveable fellow
    From head to tail he's a royal purple pigment
    And then "voila!"
    You've got a Figment

20世纪60年代，华特·迪士尼一旦需要用歌曲表现某个项目的灵魂，就会请来谢尔曼兄弟。他们为电影、电视剧及迪士尼项目配乐，并在1964～1965年纽约世界博览会上为迪士尼的演出创作了相关音乐。他们凭借创作电影《欢乐满人间》的主题曲 ChimChimCher-ee 获得了最佳歌曲奖和最佳原著配乐奖两项奥斯卡奖。

1967年10月，我（左）与建筑师威尔顿·贝克特（中）、幻想工程部首席设计师理查德·欧文（右）一起站在一块上百英亩的空地上。这里就是后来的华特迪士尼世界奇幻王国主题公园。图中黄色的"X"是赫布·赖曼规划的灰姑娘城堡坐落点。

赫布·赖曼生前一直都有手绘设计图的习惯，最早的迪士尼乐园、华特迪士尼世界、明日世界和东京迪士尼乐园（上图）的设计稿都出自他笔下。

2012年10月，上海迪士尼乐园游客体验创意与设计主管鲍勃·韦斯、其同事杰瑞米·查斯顿和约翰·林赛（从左至右）在一块清理妥当的地盘上制定了新的项目。那是一个激动人心的时刻，该址将会成为中国的第二座迪士尼乐园所在地。插图所示为上海迪士尼标志性建筑"奇幻童话城堡"的设计稿。

1992年巴黎迪士尼乐园开园前，幻想工程师弗兰克·阿米蒂奇用精美的故事插图将巴黎迪士尼乐园介绍给了欧洲和整个世界。

1. 克雷格·拉塞尔
2. 马蒂·斯克拉
3. 布鲁斯·沃克
4. 欧文·吉野
5. 多丽丝·塔特
6. 艾琳·库塔卡
7. 佐菲亚·科斯特尔科·爱德华兹
8. 黛比·德尔马
9. 戴安娜·斯科格里奥
10. 鲍勃·格尔
11. 谢尔比·伊格茨·蒂威尼
12. 吉姆·托马斯
13. 凯文·拉弗蒂
14. 凯西·曼格姆
15. 丹尼尔·约瑟夫
16. 伊莱·埃兰德森
17. 戴维·费希尔
18. 苏珊·扎瓦拉
19. 乔·赫林顿
20. 汤姆·莫里斯
21. 蒂姆·德兰尼
22. 德克斯·坦克斯利
23. 兰尼·斯穆特
24. 艾尔弗雷德·阿亚拉
25. 克理斯·蒙坦
26. 戴夫·克劳福德
27. 安迪·迪吉诺瓦
28. 布莱恩·克罗斯比
29. 拉里·尼古拉
30. 吉姆·克拉克
31. 芬迪·伯克
32. 史蒂夫·米勒
33. 杰斯·艾伦
34. 格伦·巴克
35. 埃迪·索托
36. 巴里·布雷弗曼
37. 乔什·戈林
38. 瓦尔·乌斯莱
39. 马蒂·金德
40. 布莱恩·内夫斯基
41. 戴维·德拉姆
42. 丹尼尔·朱
43. 伊夫斯·本即特
44. 奥玛尔·富恩特斯
45. 克里斯·朗科
46. 金·墨菲
47. 库尔特·温
48. 乔治·斯克里布纳
49. 约翰·奥尔森

　　以引人注目的奇幻童话城堡为背景，上海迪士尼主题公园创意主管鲍勃·韦斯与团队成员在施工现场合照，从左至右分别为：戈登·莱姆基、多丽丝·哈同·伍德沃德、鲍勃·韦斯、洛丽·科尔特林、阿贝·奎宾和斯坦·多德。

　　佩吉·法里斯与索特·霍尔梅在巴黎迪士尼乐园睡美人城堡前相会。

佛罗里达幻想工程让高级表演制作设计师汤姆·鲁道斯基和艺术总监乔尼·范·布伦为我设计了一份退休礼物——让我最喜欢的角色戴上我最喜欢的帽子打网球,那可是我最喜欢的运动!题词为:马蒂·"王牌"·斯克拉——世界创意冠军,谢谢你的激励,谢谢你挖掘了我们最大的潜能。

迭戈·帕拉斯、西伦·斯基思、史蒂夫·"老鼠"·西尔弗斯坦(从左往右)在佛罗里达办公室。

　　拍摄团体照时,景观设计师保罗·科姆斯托克正好身处南美。于是他发了一些旅行照片给我,并附上了他的导师比尔·伊万斯的故事。1954年,比尔·伊万斯加入迪士尼,初衷是用漂亮的花草树木将迪士尼乐园变成一座仙境般的花园。"我是葡萄牙人,"保罗写道,"一直在南山毛榉原产地追踪山毛榉的踪迹。1991年建设巴黎迪士尼乐园时,比尔说:'我们要在城镇广场栽一棵高大的常青树。'于是,他送我到海峡对岸寻找山毛榉。20世纪30年代,南汉普顿英国农业试验站已经从智利南部获取该树种的实验苗。我选了八棵12米高的山毛榉,并将剩余的11棵栽在探险世界里。如今,我终于在智利南部完成了旅程,为在原产地追踪这些高大雄伟的树这件事情画上完美的句号!"

"欢迎你,愚蠢的人类……"

我和汤姆·菲兹杰拉德为挚爱的项目——迪士尼鬼屋写了一本书。这是我们扮成鬼屋主人拍的照片。

迪士尼传奇、器械设计师鲍勃·格尔(中)和作曲作词家理查德·谢尔曼与我在幻想工程重聚。

这张照片是迪士尼年度报告材料之一，拍摄于迪士尼歌剧院，"与林肯先生共度的伟大时刻"(*Great Moments With Mr. Lincoln*) 就在此上映。

这是香港迪士尼冒险乐园的"高速铁路"。这列火车以迪士尼最受尊敬的总裁之一——弗兰克·G. 威尔斯的名字命名。

1998 年，迪士尼传奇约翰·亨奇与我作为公司代表出席东京迪士尼15周年纪念活动。

在加州迪士尼冒险乐园建设期间，即使阳光灿烂，还是要在凉飕飕的早晨穿上暖和的夹克御寒。

2001年加州迪士尼开园前，冒险乐园施工现场的第九次摄影。其余重大建造项目，如"汽车总动员乐园"、"20世纪30年代博伟街"等，均在2012年实施。

在1982年明日世界主题乐园开园前，我们研究其规模和方位时做的这个模型，将我这样中等体型的人都衬托成巨人了。

图为明日世界主题公园模型，其设计者小约翰·德·柯尔（左）、约翰·亨奇与我一起检查该模型设计，一致认为它更适合做为"演出"场地，而不是展馆。

约翰·亨奇与我，用明日世界主题乐园模型向迪士尼企业领导和主要合作伙伴介绍该乐园的规划和设计理念。

我们一般都用剧情图板来做概念展示、谈论故事情节发展。图中为主创人员艾里克·雅各布森（左）、兰迪·布莱特（右）以及布洛克·瑟曼（在我后面）。

模型制造车间,早期由鲍勃·韦斯管理,为华特呈现精彩的3D模型。

这是为香港迪士尼乐园设计的服装。

与团队一起检查项目建设进程非常重要。这是2001年东京迪士尼海洋世界开业前,我们检查项目时拍的照片。

和约翰·亨奇走在一起时,我俩可以很自豪地说:"我们加起来一共为迪士尼服务了100多年呢!"约翰在迪士尼待了64年,与他相比,待了54年的我还只是个孩子。

创意主管们需要与来自不同设计学科的人共事。图中，我和安·马尔兰德、乔伊·法尔杰达正在查看照明设计。

明日世界主题乐园设计团队成员包括迪士尼传奇人物（从左往右）弗雷德·乔尔格、奥兰多·费兰特、约翰·亨奇，以及柯林·坎贝尔等。

卖创意

[美] 马蒂·斯克拉（Marty Sklar） ◎著
易 伊 施红慧 ◎译

SPM
南方出版传媒
广东人民出版社
·广州·

图书在版编目（CIP）数据

卖创意 /（美）斯克拉著；易伊，施红慧译. —广州：广东人民出版社，2016.6

ISBN 978-7-218-10704-2

Ⅰ. ①卖… Ⅱ. ①斯… ②易… ③施… Ⅲ. ①迪士尼公司－企业管理－经验 Ⅳ. ① F719 ② J997.12

中国版本图书馆 CIP 数据核字 (2016) 第 015475 号

One Little Spark: Mickey's Ten Commandments and the Road to Imagineering by Marty Sklar
Copyright © 2015 by Marty Sklar
Simplified Chinese translation copyright © 2016 by Grand China Publishing House
Originally published in the United States and Canada by Disney Editions as ONE LITTLE SPARK!
This translated edition published by arrangement with Disney Editions through Big Apple Agency Inc. Labuan, Malaysia.
All rights reserved.

No part of this book may be used or reproduced in any manner whatever without written permission except in the case of brief quotations embodied in critical articles or reviews.

本书中文简体字版通过 Grand China Publishing House（中资出版社）授权广东人民出版社在中国大陆地区出版并独家发行。未经出版者书面许可，本书的任何部分不得以任何方式抄袭、节录或翻印。

Mai Chuang Yi

卖创意

[美] 马蒂·斯克拉（Marty Sklar） 著　易　伊　施红慧　译　　版权所有　翻印必究

出 版 人：	曾　莹
策　　　划：	中资海派
执行策划：	黄　河　桂　林
责任编辑：	肖风华　古海阳　张　静
特约编辑：	林海旋　宋金龙
版式设计：	王　雪
封面设计：	WONDERLAND Book design 仙鹰 QQ:344581934

出版发行：	广东人民出版社
地　　址：	广州市大沙头四马路 10 号（邮政编码：510102）
电　　话：	(020) 83798714（总编室）
传　　真：	(020) 83780199
网　　址：	http://www.gdpph.com
印　　刷：	深圳市福圣印刷有限公司
开　　本：	787mm×1092mm　1/16
印　　张：	13.5　字　数：220 千
版　　次：	2016 年 6 月第 1 版　2016 年 6 月第 1 次印刷
定　　价：	39.80 元

如发现印装质量问题，影响阅读，请与出版社（020-83795749）联系调换。
售书热线：(020) 83795240

推荐序 I

小熊熊的宝藏湾

孙路弘
科特勒集团资深营销顾问

小熊熊长大了,总要离开家,独立闯世界去。熊妈妈对小熊熊说:"这些年你学到了很多本事,学的时候得到的那些成绩都已经变成了宝藏,而这些宝藏,你将来都能够用上。现在你出去寻找自己的梦想,是需要借助宝藏的,你的第一个挑战就是找到它。"

小熊熊没有再多问什么,便勇敢地迈出家门,一直向前走去。它走到一条河边,心想,自己学过游泳,能够游过去。可水太急了,下河有危险。它看了看河的上游和下游,仿佛看到了一座桥。对,应该过桥,这样就省事多了!小熊熊快步走到桥边,它又看到了一扇大门,便上前去拍一拍、推一推,可它拍了没有动静,推也推不开。它后退几步,打算把门撞开,却看到门上写了字。小熊熊揉了揉眼睛仔细看,它学过中文,那上面写的是三个中国字:宝藏湾。字的下面还画着一只熊熊。画里,熊熊手里拿着一张纸,纸上还写着些小字,小熊熊走近一点,看到纸上密密麻麻地写了三行字。它又揉了揉眼睛,字便清楚了起来,那三行字分别是:说出你的梦想;唱出你的梦想;画出你的梦想。

所有的动物都更加友爱,超越捕杀与被捕杀的命运,动物世界成为了人人向往的国度。

门开了,小熊熊进去了,门又关上了。

插图作者:圆圆

许多年过去,门后耸立起高大的建筑,而门的上面还是写着宝藏湾三个字,就算站在远处都能看到。里面总是传出歌声,笑声,充满欢乐,但门还是关着。后来,越来越多的小动物都通过了门上的三个测试,也消失在门后……

再后来,门上的字渐渐模糊了。一天晚上,小熊熊趁着夜色重新刷上了三个大字。天亮后,人们远远地就能够看到门上写的是:迪士尼。

字的下面画着一头长大了的熊熊,它的手里还是拿着一张纸,但纸上的字变少了,上面只写了三个字,原来是:卖创意。

当你看到《卖创意》这三个字的时候,你拿在手里的大概是一本书,书中讲的就是迪士尼的故事。小熊熊仅仅是故事中的一员,它加入迪士尼,然后到上海建造了"宝藏湾",那里面有童年的梦想,有欢声笑语,也有实现梦想的故事。从中你能找到自己的童年,还有自己内心深处的欢乐。

迪士尼是一家企业,它销售的产品是快乐,销售的方法是:讲故事、演故事、唱故事。它让每一个大人和孩子都沉浸在故事中,体验着色彩对视觉的挑逗,倾听着乐曲对听觉的拨弄,感触着摇摆震动对触觉的冲击。每个人的人生都是一段故事,而所有人的人生汇集成了生活的故事,有时我们甚至分不清到底是人生即故事,还是故事即人生,这就是快乐的故事经久不衰的秘诀。

每个故事的后面都有一个创意,如同小熊熊成长路上的寻宝记,还有星际之旅、未来之屋,更多的创意都集结在了迪士尼乐园中。这本书里的73位创意幻想工程师,都走过小熊熊走过的路,都怀揣着梦想走出了快乐的人生。翻开这本书,如同开启一段梦幻的旅途,体验寻宝的乐趣。创意就在那里,闪烁着光芒。翻开这本书,一页又一叶,如同树叶,凝聚成参天大树。

有关迪士尼,有关创意幻想工程师,有关梦想,有关快乐,打开这本《卖创意》,随作者的心路历程,走一段别样的迪士尼之旅吧。一定的,就在上海迪士尼,你将如梦初醒般见到那个"宝藏湾"。

更多的创意,更多的故事,扫码与我聊一聊。

推荐序 II

一枚"小火花"

理查德·谢尔曼

迪士尼传奇作曲家

当华特迪士尼公司幻想工程国际大使马蒂·斯克拉找到我和罗伯特,并邀请我们与迪士尼幻想工程师在"明日世界"项目上合作时,我们并未预料到,自己竟从那一刻开始踏上了这样一段激动人心的幻想之旅。更巧的是,我们工作的主题馆的名字正好就叫做"幻想之旅"。

30多年后,我们为那段令人难以置信的经历所创作的3首歌曲中,有两首都已停止使用。然而,许多迪士尼的粉丝却对这些歌曲钟爱有加,甚至能够哼唱出来。其中之一是同名3D动画电影的过场曲 *Magic Journeys*,也就是马蒂最喜欢的曲子。另一首则是为主题馆赞助商柯达公司创作的 *Makin' Memories*,歌曲赞颂的是拍摄照片可为我们留下美好的回忆。

不过,我个人最喜爱的是最后一首名为 *One Little Spark* 的歌曲,这首歌的美妙旋律直至今日仍然响彻明日世界主题公园。迪士尼的幻想工程师们在我和罗伯特创作这首歌之前,先为我们展示了那场演出中主要角色的草图和模型。令我印象最为深刻的是一只名叫 Figment 的,长着两个迷你翅膀和一双黄色大眼睛的紫色卡通龙。只要对这个有趣的小东西瞧上一眼，我们心中的灵感之火就能瞬间燃起。这么多年来，看到小 Figment 激发了一代又一代明日世界主题公园游客的想象，我感到很欣慰。

因此，当马蒂邀请我来帮他介绍一本关于迪士尼幻想工程师的新书——《卖创意》时，我真是受宠若惊。多年前，我们刚将这首歌曲付梓之时，马蒂曾说他觉得这首歌是华特迪士尼幻想工程的真正主题曲。多么令人欣喜的称赞啊！

One Little Spark

Robert and Richard Sherman

One Little Spark

Of inspiration

Is at the heart

Of all creation

Right at the start of everything that's new

One little spark

Lights up for you

Imagination

Imagination

A dream can be a dream come true

With just that spark

From me to you!

One bright idea

One right connection

Can give our lives

A new direction

So many times we're stumbling in the dark

And then "Eureka!"

That little spark!

Imagination

Imagination

A dream can be a dream come true

With just that spark

From me and you!

One Little Spark

One flight of fancy

Shines up the dark

So that we can see

When things look grim and nothing's going right

One little spark

Clicks on the light!

Imagination

Imagination

A dream can be a dream come true

With just that spark

From me to you

Two tiny wings

Eyes big and yellow

Horns of a steer

But a loveable fellow

From head to tail he's a royal purple pigment

And then "voila!"

You've got a Figment

Imagination

Imagination

A Dream can be a dream come true

With just that spark

From me and you!

  理查德·M.谢尔曼和罗伯特·B.谢尔曼为动画电影、表演及全世界迪士尼乐园所创造的音乐魔法，是国家的一笔宝贵财富。2008年，乔治·W.布什总统在白宫亲自为他们颁发了国家艺术勋章。他们创作的音乐获得过9次奥斯卡奖提名，其中为电影《欢乐满人间》所写的主题曲Chim Chim Cher-ee，更是在1965年一举斩获奥斯卡最佳原创音乐奖和原创歌曲奖两项大奖。除此之外，乐园项目"文明演进之旋转木马"、儿童项目"小小世界"、"提基魔法屋"，以及迪士尼明日世界主题公园项目"幻想之旅"的主题曲也同样出自谢尔曼兄弟笔下。

权威推荐

中商国际管理研究院院长　杨思卓

　　卖创意还是卖产品？同样的迪士尼血脉，香港迪士尼乐园和即将开业的上海迪士尼乐园为什么大不相同？先在书里领略一番，然后再亲身对比体验一下：创意如何引领商业奇迹。

变革家创始人、原创业黑马战略副总裁　龙　真

　　在生产过剩的今天，创意先行已经不再是一句空话，而是每个新企业生存和发展的前提。怎样让人人都能创意无限呢？迪士尼的"米奇十诫"给我们每个人提供了一条快速成为"幻想工程师"的捷径！

中国品牌第一人、中央电视台品牌顾问　李光斗

　　创意是连接实体经济和虚拟经济的桥梁；创意让经济如虎添翼。

拉卡拉集团创始人、《创业36条军规》作者　孙陶然

　　创意是世界上最有价值的东西，记得陈寅恪大师有"四不讲"，只有不断创新，才能不断进步，并创造更高的价值。在我看来，创意工作在于两点，一是创新，二是解决问题。一个好的创意一定是满足这两点的，即通过创新的方式解决了问题，是为好的创意。显然，这样的创意越多越好。

原京东市场总监、噜噜品牌创始人　封华平

人类已进入了"互联有境、万物有灵"的生活时代，"有灵"的好创意是能满足人们内心对生活的情感表达！

深圳北航领航青年商学院院长　危正龙

体验经济时代要求企业聚焦客户体验，生产具备感性价值的产品。《卖创意》这本书将教你如何以客户体验作为价值基础，将每一个创意转化为最具独特性及感性价值的产品或服务，在提高客户体验度的同时，实现口碑营销与可观收益。

智囊传媒总裁、中央财大新传播研究中心主任　傅　强

我见过很多创业者，他们对如何撰写商业计划书、说服投资人、组建团队、推出产品，然后使出吃奶的力气把产品卖出去早已轻车熟路。然而，他们往往也会陷入同一个致命陷阱——忘记了解客户到底想要什么。《卖创意》这本书会把很多人从这个致命陷阱中解救出来。

作为迪士尼娱乐王国征服世界的见证者，作者马蒂·斯克拉将迪士尼的成功之道浓缩为言简意赅的"米奇十诫"，其中的第一条即是：了解受众需要并想要什么。我们知道，不理解消费者心声的盲目沟通，只会被屏蔽在消费者的心门之外。而打动人心的创意其核心则是美妙的"客户体验",以此为基础的品牌不但可以满足并引领消费者,还能让他们迷恋、追随、传播。

《金融时报》

迪士尼较早预见了体验经济时代的到来,于创立之初,就将客户体验放在至高无上的位置。前总裁马蒂·斯克拉在《卖创意》一书中,用讲故事的方式,详细阐述引导迪士尼成功的十大戒律,生动阐释幻想工程师的创意之道,全面揭示迪士尼坚持体验至上原则,将创意变现并实现巨额利润的整个过程。十大戒律,不仅是开启"创意城堡"的"金钥匙",还能帮助我们成为更好的自己。

马蒂·斯克拉（Marty Sklar）
迪士尼前执行副总裁
迪士尼幻想工程国际大使

马蒂·斯克拉是谁？

在迪士尼，马蒂·斯克拉(Marty Sklar)是绝对的传奇。他是迪士尼最资深员工，从1956年到2006年，为公司效力整整半个世纪；他是迪士尼最受尊敬的人物，其总结的"米奇十诫"被奉为公司至高信条；他是迪士尼的创意源泉，全世界孩子心中的梦幻圣地便由其一手设计。

1956年，年仅22岁的马蒂从加州大学洛杉矶分校毕业，凭借一份独特的报纸创意，被华特·迪士尼慧眼相中，从此展开了长达50年的迪士尼旅程。

作为少数几位曾经与公司创始人华特·迪士尼亲密共事的员工之一，马蒂是公司里最受尊敬的人物之一，被视为迪士尼的最宝贵的活化石。

迪士尼创意团队总负责人

1961年，马蒂加入了WED Enterprises公司（该公司于1986年更名为迪士尼幻想工程部）。在那里，他还参与了1964年纽约世博会项目的景点布置工作。1974年，他开始担任迪士尼公司的概念规划副总裁，参与指导了明日世界主题乐园、东京迪士尼乐园、迪士尼美高梅影城、巴黎迪士尼乐园、迪士尼动物王国、加州迪士尼冒险乐园、东京迪士尼海洋公园、华特迪士尼影城和香港迪士尼乐园的开发设计和建造工作。从加利福尼亚到香港，马蒂几乎参与了所有迪士尼乐园的创作，每个细节都留下了他创意的痕迹。

华特·迪士尼御用撰稿人

马蒂同时还是一位非常优秀的撰稿人。学生时代的他曾担任校报《熊先生日报》的编辑，后又参与了《迪士尼乐园新闻报》的创刊。大学毕业后，马蒂来到迪士尼乐园，负责主题公园的大部分宣传和营销工作，并开始成长为华特的御用撰稿人，帮他起草各种材料信函，传达20世纪最伟大的创意故事，讲述华特的理念和计划。

以华特的名义将自己写下的文章发表到出版物、电影或电视新闻中，对马蒂来说是非常宝贵的经历。包括20世纪60年代所有的公司年度报告，迪士尼乐园早期的纪念册致辞，1965年11月在奥兰多新闻发布会上宣布迪士尼世界项目启动时的业务陈述演讲稿，1964年纽约世博会上华特为幻想工程设计的福特馆魔法天路录制的旁白，以及华特最后一部现身于迪士尼电影的脚本。

热衷于文字创作的马蒂目前共创作了三本关于迪士尼的著作，除此书《卖创意》外，另有《敢想！敢做！》（*Dream It! Do It！*）和《华特·迪士尼的迪士尼乐园》（*Walt Disney's Disneyland*）。

迪士尼活化石

马蒂可能是当今唯一出席过全球所有迪士尼乐园开幕典礼的人。他曾发下誓愿，一定要亲历两个里程碑式的时刻——迪士尼乐园50周年庆和自己在迪士尼干满半个世纪。终于在2006年，马蒂实现了他的愿望。"是时候离开了，孩子们都已长大，我会永远怀念和他们朝夕相处的日子。"

退休后的马蒂又出任迪士尼"幻想工程国际大使"，帮助公司招募创意人才、举办流动幻想作品展以及更重要的——将迪士尼的理念传承给下一代。

幻想工程师简介
ONE LITTLE SPARK!

迪士尼幻想工程师特指设计和建造世界上所有迪士尼主题乐园及度假区的创意人才，他们的工作是将各种技术和创意结合起来，用游乐的方式讲述童话或冒险故事，为游客创造一个神奇的魔幻世界。

幻想工程部由迪士尼创始人华特·迪士尼于1952年亲手创立，这家独特的创新机构包揽了所有迪士尼主题乐园、度假区、景点、游轮、房地产开发及世界各地娱乐场地从设计到施工的全部工作。它拥有来自140多个不同学科的创意及技术专业人士组成的团队。

幻想工程师的体验是多维的，景点中的每一个元素，都是编排中的一部分。迪士尼的第一批幻想工程师都是电影制片人，是华特把他们从工作室带出来，让他们将电影的制作技艺，重新带入到一个多维的世界中，利用场景、影像、声音、特效，带给游客身临其境的快感。

幻想工程师被认为是世界上最幸福的工作，这些来自全世界各个领域的天才们用不同的方法和多维的体验为每一个光顾迪士尼的人讲述不同的故事，通过对现实事物的再创造，包括物品、技术、设备系统和表演场景来制造一个新的现实世界。

目录

前　言　开启"创意城堡"的金钥匙　1

第 1 章
幻想工程：让创意照进现实　5

是谁把《星球大战》《汽车总动员》的奇幻场景搬进现实？是谁设计了梦幻城堡、明日世界等让全世界游客魂牵梦绕的游乐天堂？那些为数十亿家庭创造绝妙娱乐时光的人，到底拥有怎样的魔法？

开启创意之路的三句箴言　7

创意是团队事业，而非个人业务　12

"米奇奥斯卡"和"高飞奖"：好创意≠好体验　13

第 2 章
米奇十诫：打造极致体验的十条创意法则   17

幻想工程师将电影《汽车总动员》中的场景都变成逼真的三维实体，甚至让孩子惊叹，这就是拍电影的地方。他们如何化虚为实？项目众多，"夺宝奇兵"凭什么每天让游客为它排起长龙？作为全世界最著名的公园之一，动物王国在开园之初的游客体验情况却不理想。问题在哪里？怎样解决？

戒律 1　了解受众需要并想要什么　19

戒律 2　穿顾客的鞋子：通过感同身受完善细节　24

戒律 3　给创意一个内生逻辑　28

戒律 4　创造一根"维也纳香肠"　32

戒律 5　视觉素养交流：利用所有非语言工具　39

戒律 6　明确唤醒点，避免瞌睡点　43

戒律 7　一次一个：画出清晰的故事线　46

戒律 8　避免复杂体验：保持设定和故事的一致性　53

戒律 9　一分教育要携带十分快乐　58

戒律 10　高级体验离不开高效维护　64

第 3 章
如何成为一名幻想工程师　73

如今备受崇敬的幻想工程师多年前可能只是迪士尼餐厅里的洗碗工，或是乐园里的单轨小火车驾驶员。迪士尼把怀揣幻想工程梦的新员工放到底层用意何在？每年都有部分大学生通过"幻想国"大赛进入幻想工程部，这到底是怎样一场比赛？赛前应作何准备？

故事是一切的起点　78

找到能在闹钟之前叫醒你的东西　82

站在导师的肩膀上　86

把你的名字摆在团队后面　92

上前线　98

建立海量知识储备库　102

秃鹰与海绵　107

跨出舒适区：另类思维 + 冒险一搏　112

任何值得做的事都值得做到最好　114

进入"蓝天"　118

第 4 章
特殊的信　123

什么样的经历为 16 岁辍学的芬坦·伯克铺就了通往迪士尼事业的道路？什么样的魔力吸引了幻想工程师，让他们在迪士尼一干就是二十年、三十年，甚至半个世纪？什么样的礼物改变了首席建筑师伊丽莎白·埃兰德森的一生，让她用大半辈子的时间来追求自己的幻想工程之梦？

幻想工程师的创意之道　　125
特别来信："我"多希望自己一早就明白　　167

结　语　世界上最可怕的事　　181
致　谢　　183
关于《敢想！敢做！》　　187
幻想工程师名单　　189

前言

开启"创意城堡"的金钥匙

　　我写这本书的本意,并非为庆祝迪士尼乐园诞生 60 周年。但这样一场对全世界都意义重大的盛事,我很难不提到它。华特·迪士尼于 1955 年 7 月 17 日在加利福尼亚州阿纳海姆市创立的一项事业,现已遍布全球。正是他,将娱乐、知识和珍贵的亲子时光带给了全世界十多亿游客。预计 2016 年,世界上第 12 家迪士尼乐园,将在上海正式开园。

　　尽管 1955 年 7 月 17 日,第一家迪士尼乐园开园那天我就在现场;尽管我是唯一一位参加过全球 11 家迪士尼乐园开园仪式的迪士尼成员,但触动我写这本书的,实际上是 30 多年前发生在佛罗里达的一件事。

　　1982 年 10 月,全球第三家迪士尼乐园明日世界主题公园正式开园迎客。那时候,我总是被问到"迪士尼是如何实现今时今日的成就的"这样的问题。各大产业集团的领导者、国际会议的组织者和许多大学教授都给我打电话或写信,他们希望自己的员工、与会成员和学生,能从迪士尼幻想工程中的创意天才身上偷师一些成功秘诀。

　　当时,我担任迪士尼幻想工程负责人方逾 8 年,一直致力于相关概念的设计，说服主要赞助商将明日世界主题公园变为现实，并筹备设计了许多表演，以及它们的背景故事。于是仅一年时间，明日世界主题公园就吸引到 1 000 万游客。因此，在那么多重要场合上被要求介绍迪士尼幻想工程师，我感到十分兴奋。

我的第一个难题是：我该如何将那 8 年的经验总结为几条简明的原则？我该如何总结自己 20 年来从华特及其他迪士尼传奇人物身上学到的东西？为此，在 1983 年的两场演讲中，我总结归纳出了最原始的"米奇十诫"。其中一场演讲是在明尼阿波利斯圣保罗都会区的科学与科技中心全国大会上进行的，另一场则是在波士顿艺术总监俱乐部里展开。

"米奇十诫"诞生之初，就在华特迪士尼公司内外引起了轰动。由国际游乐园及景点协会（IAAPA）出版的 *Funworld* 杂志称之为"主题休闲乐园的业界经典——或许是最佳指南"。

刚产生就"米奇十诫"写一本书的念头时，我的想法是将这些戒律当成全书的唯一主题。尤其随着时间推移，最初的"十诫"已经变成了"四十诫"。但过去两年，当我为了写回忆录《敢想！敢做！》而游遍全美时，我突然意识到自己可以在书中讲述一个更大的故事。而"讲故事"，正是一切的关键！

为了迪士尼幻想工程和华特迪士尼公司，我早已游遍全世界，而那次旅行依旧带给我一些重要启示。全世界都非常友好，渴望听到更多关于华特和幻想工程师的内幕故事。甚至邀请我的主办方，也屡次对到场人数感到惊讶。

芝加哥科技与工业博物馆迎来 700 名听众；南新泽西的海洋县图书馆涌进 300 名听众；在加州萨克拉门托老街特洛伊·卡尔森的九段娱乐商店中，我当场卖出 500 本书；在旧金山的迪士尼家族博物馆和洛杉矶的史格博文化中心举办的演讲，人们更是蜂拥而至；在阿纳海姆会议中心D23迪士尼"粉丝"博览会举行的图书发布会上，所有图书都被抢购一空。

从西雅图、华盛顿、奥兰多到佛罗里达，我在每一场演讲的最后都准备了问答环节和图书签售环节。正是在为读者签售的过程中，我产生了再写一本书的想法。无论我走到哪儿，人们都想知道更多的故事。"华特总是令人大受启发吗？你是怎么按照华特的最初想法，创造出明日世界主题公园的？""在主题公园正式开工之前，站在佛罗里达、东京、巴黎和香港空空如也的选址上是何感受？""后来在同样的地方看到满眼的城堡、迪士尼人物和其中的数万游客，又是什么样的感受？"

近来我最常被问到的是："你是如何成为一名幻想工程师的？"

来自俄亥俄州克利夫兰市的16岁男孩雅各布·凯利就是一个经典的例子。他和自己的3个兄弟姐妹还有父母驱车6个小时，从克利夫兰赶到芝加哥科技与工业博物馆，然后在我为排在签售队伍最前面的雅各布签完书后又马上开车赶了回去。在演讲开始前，我在主办方主持人、芝加哥科技与工业博物馆的收藏与展览副馆长库尔特·豪恩费尔纳的陪同下参观了博物馆，雅各布则一直跟在我们后面，一有机会就跳出来向我提问。

他的父母告诉我，他们前一天才知道我今天将在佛罗里达的迪士尼小镇上举行签售会。他们一路从肯塔基州开车到奥兰多，只为得到一本我的签名作品！我问他们，"有多远？"答案是："2 900公里，单程。"

一开始，我并未明白此中深意。他们并不只是来自肯塔基州的狂热粉丝，也不是会在周日带着孩子从俄亥俄州克利夫兰市驾车兜风到伊利诺伊州芝加哥市的父母。不，他们只是来自普通家庭的父母、孩子、祖父和祖母。他们希望让我知道，迪士尼给他们带去了多少欢乐，以及作为迪士尼的忠诚"粉丝"的他们是多么热爱迪士尼加州冒险乐园的汽车乐园和佛罗里达迪士尼神奇王国幻想世界里的美女与野兽。

他们总是渴望知道所有的一切，包括我们如何建造迪士尼乐园；华特·迪士尼和罗伊·迪士尼在生活中是怎样的人；我们会不会进行一场《冰雪奇缘》表演；以及多次被提起的"亨利和佩内洛普是如何成为幻想工程师的"。

终于，我明白了。其实他们想说的是："请跟我们解释一下什么是'米奇十诫'，同时也给我们讲更多的故事，并告诉我们欧文、爱丽丝、露西、伊莱、杰克和蕾切尔怎样才能在长大后成为一名设计迪士尼乐园的幻想工程师。"

这就是本书的主题：公开我赖以谋生的职业信条，并为你指明幻想工程之路。

第1章

幻想工程：让创意照进现实

是谁把《星球大战》《汽车总动员》的奇幻场景搬进现实？是谁设计了梦幻城堡、明日世界等让全世界游客魂牵梦绕的游乐天堂？那些为数十亿家庭创造绝妙娱乐时光的人，到底拥有怎样的魔法？

开启创意之路的三句箴言

开始动手总结"米奇十诫"时,我很快就意识到自己是站在许多巨人的肩膀上。在迪士尼幻想工程中,我的许多同事都是在迪士尼摸爬滚打了30乃至40年的老战士……他们在每日的点滴中都予我以启示,而这又相当于让我拿到了一个设计和故事讲述方面的硕士学位。

如果要将所有当过我导师的幻想工程师列一个清单,恐怕这张清单就是迪士尼动画、电影和主题公园的设计者一览表了。所有迪士尼传奇人物都是我的导师。比如约翰·亨奇,他于1939年加入迪士尼后参与了经典动画《幻想曲》(*Fantasia*)的制作,并在出色地为多部动画电影创作背景环境后,成了华特最钟爱的主题公园"空间制造者"。一路走来,他设计了过山车"飞越太空山"和明日世界主题公园的地球飞船。

再如1932年毕业于芝加哥艺术学院的赫伯特·迪肯斯·赖曼,在加入迪士尼之前,他服务于鼎盛时期的美高梅公司和福克斯公司,已经是一位声名远扬的故事素描师了。他所画的插图奠定了《黑玫瑰》(*The Black Rose*)、《除却巫山不是云》(*Forever Amber*)和《翠堤春晓》

（*The Great Waltz*）等影视作品的风格和面貌。在迪士尼幻想工程中，他创作了世界上最著名的几幅设计蓝图，其中包括迪士尼乐园的第一张完整总图，以及迪士尼乐园和迪士尼世界的各种城堡。

马克·戴维斯也是迪士尼九大元老之一。他在加入迪士尼幻想工程前，已经在迪士尼电影公司动画部服务超过 25 年。迪士尼最著名的女性角色，包括奇妙仙子、库伊拉，以及《睡美人》里的奥罗拉和玛琳菲森都出自马克之手。后来，马克又为迪士尼乐园创作了海盗、幽灵、说话的提基柱和洗澡的丛林大象。

还有《海底两万里》"鹦鹉螺"号潜艇的设计者哈珀·戈夫，他同时也是非迪士尼影片《查理和巧克力工厂》（*Charlie and the Chocolate Factory*）及《纵横四海》（*The Vikings*）的艺术指导。

无论是讲故事、设计还是传播，从头至尾予我悉心指导的同事，我能一口气数出很多个。他们都是各自领域的大师级人物，包括首位女性幻想工程师、模型室女王哈丽雅特·伯恩斯。在模型室，赖曼、约翰、戴维斯和戈夫绘制的草图，经弗雷德·乔尔格、克劳德·科茨和罗利·克伦普之手，就能变为三维立体设计图。哈丽雅特是华特最喜爱的干将，这位身材娇小的得克萨斯人有着可以和任何一任男性幻想工程师一较高下的高雅品位和卓绝天赋。

作为迪士尼幻想工程的创意领导者，这群不可思议的天才并不仅仅是我的下属，更是我的导师和朋友。他们是精英中的佼佼者，是他们定义了幻想工程师和迪士尼幻想工程。他们把自己的一生都奉献给了华特迪士尼公司，他们比任何人都了解华特对卓越的追求。他们是真正的信仰者、追随者和导师。创建迪士尼幻想工程的人是华特，但让迪士尼乐园里的海盗激烈战斗、幽灵滑稽起舞的是这些天才们。

当然，一开始为迪士尼幻想工程奠定方向的，是华特。我曾在一篇文章中写过，1965年11月，和哥哥罗伊·迪士尼在佛罗里达州奥兰多市宣布"迪士尼世界"项目正式启动时，华特发表了如下讲话：

> 我们一直在前行，开辟新的道路，开启新的大门，因为我们充满好奇……我们总是在不停地探索和试验。我们从未失去对家庭娱乐的信念。故事让人们欢笑，故事温暖人心和人性……我们的目标，不是靠一些假把式和噱头来赚快钱，而是立志为世人带来真正的乐趣，给人们送去欢笑和愉悦。而或许最重要的是，当我们考虑一个新项目时，会真正去深入地研究。不仅研究浅显的理念，更深入研究有关的一切！然后，等新项目正式启动，我们的信念将始终不渝。我们对自己的能力充满信心。我们将竭尽所能，力求完美！

华特在迪士尼乐园里创造出了新的故事媒介。我时常思索，迪士尼传奇们为这些新故事媒介注入了什么。于是，我邀请了70名现任或前任迪士尼幻想工程师和我一起，将迪士尼幻想工程的故事献给21世纪的读者。迄今，自华特于1952年创建WED公司[①]以来，迪士尼幻想工程历经风雨已逾60载。时代变迁，沧海桑田，但这么多年来，迪士尼的原则与信条始终如一。

事实上，"米奇十诫"的基础，既根植于那些伟大幻想工程师的灵感与理念，也来自于大批我有幸与之共事的，或仅有一面之缘的天才。我此生最美好的回忆之一，就是和迪士尼幻想工程之外的人在某些项目上的合作。伟大的科幻作家，《火星编年史》(*The Martian*

[①] WED Enterprises，即华特·伊莱亚斯·迪士尼企业。——译者注

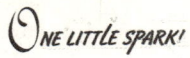

Chronicles）和《华氏451度》（*Fahrenheit 451*）的作者雷·布莱伯利，帮助我们编写了明日世界主题乐园地球飞船的相关故事；哥伦比亚广播公司《60分》节目创始人唐·休伊特参与了明日世界主题公园的概念讨论。休伊特告诉我们，他指导《60分》节目新闻记者的原则来自圣经："给我讲个故事"。

还有以色列特拉维夫市犹太侨民博物馆创始人沙伊克·温伯格，他曾告诉我们："伟大的博物馆不仅向你展示古董，更为你讲述故事！"当然，还有现代故事魔术大师约翰·雷斯特，他和艾德·卡姆尔及史蒂夫·乔布斯联合创办了皮克斯动画工作室，并赋予我们最钟爱的角色以生命。例如《玩具总动员》里的胡迪和巴斯光年，《海底总动员》里的尼莫和多拉，《怪兽电力公司》里的萨利和麦克，当然还有《汽车总动员》里的闪电麦昆和板牙。

在迪士尼幻想工程中，我们最珍视的财富往往来自这些项目上共事的天才。他们往往会在某次会议或讨论上，突然冒出一句简洁而令人印象深刻的至理名言。其中有3句，我记忆犹新。

1985年的某一天，我们曾坐在迪士尼幻想工程部门的一间办公室里讨论星际旅行飞行模拟器的问题。我们需要想办法在4分半钟的时间里，向游客讲述美国电影学会终身成就奖得主乔治·卢卡斯导演的电影——科幻电影史上最为经典的作品之一《星球大战》，而这对我们所有人来说都是一个新的挑战。当时飞行模拟器刚刚面世不到一年，还没有相关的研究案例。当一名同事在抱怨"幻想工程团队里的人说了太多的老生常谈"时，乔治就说出了这句至理名言：

"不要避开老生常谈，"乔治说，"有的话之所以是老生常谈，因为它们的确很有道理。"

世界旅行家约翰·亨奇是我们的哲学之王，更是一本人肉百科全书。当时他正和一群设计师讨论明日世界主题公园的美国大冒险演出。讨论的最后内容是我们可能会设计一幕非常奢侈的、壮观的，甚至让某些设计师难以接受的高潮式终曲。设计师们认为这样太复杂，太昂贵了。随着大家就怎样才算"足够好"展开讨论，约翰变得越来越生气。他知道，项目有预算和工期的限制，但以他在迪士尼工作 64 年的经验，约翰深知，许多迪士尼乐园里的景点之所以能在面世后的半个世纪里经久不衰，正是因为它们当初的设计理念里面没有"足够好"这个词。终于，约翰大声地说：

我们的游客在离开（我们的主题公园）后，口哨里吹的可不是这里的灯光和建筑！

于是，我们给演出设计了一幕精彩绝伦的终曲：我们额外又创造了两个角色，本·富兰克林和马克·吐温，并用高大的、三维立体的自由女神像和纽约港作为他们的出场背景，配以炫目奢侈的烟火表演，演出最终完美谢幕！

赫布·赖曼是娱乐产业诞生以来最伟大的插画师之一。华特曾委托他创作了迪士尼乐园历史上最重要的几幅插画，包括迪士尼乐园、迪士尼世界和明日世界主题公园的第一张总览图。赫布擅长用画笔，以简约的风格捕捉某个概念或主题的本质，让每个看到插画的人都与他感同身受。我记不清具体是哪个项目了，总之在我的脑海中，赫布的话言犹在耳。

差品味会让你付出更大的代价。

这句话也许还没能引起我们的重视,但经过他的一番解释,我们就恍然大悟了:"你为一个理念和设计都很差劲的项目付出的成本,不会比一个理念和设计都很出色的项目少。"赫布苦口婆心地告诫我们,无论什么项目,我们都要以最佳的设计和建设方式来完成。他的目标是,我们每个人都敢摸着良心说,"我已经做到了最好",或如华特所说,"竭尽所能,力求完美"!

创意是团队事业,而非个人业务

早期幻想工程团队里不乏哲学家,在今天也是一样。然而,唯有认识到所有幻想工程师的成就皆非单打独斗之结果,而是依靠众多天才的密切配合,我们才能真正理解全球幻想工程师为何能够取得成功。答案就是团队合作。1961年,当我刚成为一名全职幻想工程师时,约翰曾把我拉到一旁,对我说了一句让我受益终身的话。

"当我们开启一个新的景点或主题公园,"约翰说,"你不能说'我做了这个'或'我做了那个',因为这些东西都经过了无数天才之手,事实上它是团队事业,而非个人业务。"

过了几年,南加州大学马歇尔商学院著名的企业管理学教授沃伦·本尼斯在迪士尼幻想工程部发表了演讲。我对他当天的演讲和他后来在《七个天才的团队故事》中表达的观点非常地赞同。刚翻到书的扉页,我就知道我们志同道合。本尼斯开篇写道:

"我们每个人,都没有我们所有人聪明。"

尽管这句话浅显易懂,却与我们大部分的人生经历背道而驰。这个世界,太多领域都遵循"明星系统"规则,娱乐业尤其如此。

在电影界,票房号召力是被写进合同的:某个明星的名字,必须占到影片宣传海报大小的某个百分比；片尾的工作人员表也要严格遵循其顺序规则。"我的化妆车比你的大"，剧组接送演员一定要用特定的交通工具；"如果你让我当你下部片子的主演，我就接你手头这部戏。"这些都是"个人业务"的典型标志。

与之相反，"团队事业"会营造出一种让所有天才都能和谐共处的氛围。画师、作家、设计师、工程师、建筑师、景观设计师、电脑技术员和平面设计师等所有人都在工作中平等共处。在迪士尼幻想工程的140个细分科目里，我们都铭记本尼斯教授的教诲："我们每个人，都没有我们所有人聪明。"虽然本尼斯教授已于2013年辞世，但他的智慧千古流芳。

本书要讲的就是这些天才如何形成一支伟大的创造力量的故事。对大多数幻想工程师而言，幻想工程的事业道路可谓一波三折，既有意料之中的困难，也有令人措手不及的挑战。我希望当你读完本书时，能够领悟到我从华特身上学来的有关领导力的一条重要启示：不要忽视任何人！如果你不给他们机会，那么你永远不会知道那些天才能创建怎样惊人的事业。这就是众多幻想工程师职业生涯的真实写照。

无论你将怎样选择自己的终身事业，或已经选择了怎样的终身事业，我都希望这本书能够激励你学习和成长。如果你的事业碰巧和我一样，努力为全世界数十亿人创造家庭娱乐时光，那么请一定要退到幕后。因为，正如华特所说："你做这行，不是为了自己。"

"米奇奥斯卡"和"高飞奖[①]"：好创意≠好体验

娱乐业中充满各种颁奖秀，但我讨厌模仿它们，于是决定自己来

[①] Goof 在英语中也有"呆瓜"的含义。——译者注

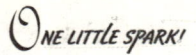

颁一个奖,而该奖的唯一评委就是我。

1947 年,为了表彰对迪士尼公司做出杰出贡献的员工或伙伴,华特创立了他自己的奥斯卡奖。他给该奖取名"米奇奥斯卡"。"米奇奥斯卡"的第一位得主正是华特的哥哥,也就是后来担任华特迪士尼公司主席的罗伊·O. 迪士尼。

接下来我在阐述"米奇十诫"时,每一章都会包含一个有关迪士尼乐园、景区、演出或角色的故事,它或它们都配得上一座"米奇奥斯卡"奖杯,但永远不要忘了团队的贡献。

相比之下,并非每个创意、景区或角色都是成功的。某些概念走向失败,自有其原因,而我们也不想把这些失败藏起来。所以,我也会提到一些不那么成功的项目。尽管这并非出自华特的主意,但我觉得,我们也应该专门设立一个奖项,以便让我们既能够从成功中总结经验,也能从失败中汲取教训。所以,我的好朋友乔·兰齐塞罗为那些不完美或不成功的项目设了一个奖项,名为"高飞奖"。乔·兰齐塞罗一开始是以幻想工程师出道,后来成为了中国香港迪士尼幻想工程副总裁。

华特曾说过:"我很高兴自己在早年经历了很宝贵、很严重的失败。"华特从那次失败中得到了一个重要教训,并为他之后拿下 32 个艾美奖和一枚总统自由勋章在内的史诗级成功打下了重要基础。通过研究自己的成败因素,那些真正的精英们为世界留下了宝贵的遗产,告诉人们如何改善自己的生活,建立伟大的公司,成就辉煌的事业。

我以"米奇十诫"作为考核标准,为全世界迪士尼乐园里的项目颁发了"米奇奥斯卡"和"高飞奖"。

　　最初版本的"米奇十诫",就被挂在许多幻想工程师的办公室里。我写下它们的初衷,是提醒共事的幻想工程师:我们成功的基础原则是什么?之后,我又在一次部门演讲中专门论述了"米奇十诫"。

　　1. 了解你的受众。在你开始设计前,识别出你的主要受众人群。

　　2. 从顾客的角度思考。让你的团队成员像顾客一样,体验你的发明。

　　3. 人流和项目体验都井然有序。确保你的故事和游客的体验都有明确的逻辑和顺序。

　　4. 创造视觉磁铁。创造一个可以带领游客清楚、合乎逻辑地体验内容的视觉目标。

　　5. 用图像进行交流。利用好所有视觉元素进行交流,包括颜色、造型、形式、纹理。

　　6. 避免过载,创造唤醒点。克制将太多信息和主题一股脑儿塞给游客的冲动。

　　7. 一次只讲一个故事,不要偏离故事线。好的故事应该清晰有序、合乎逻辑、前后一致。

8.避免前后矛盾,保持一致性。设计或内容中自相矛盾的细节,会让游客对你的故事或故事的时间顺序一头雾水。

9.每一分的努力,都要为游客带去十分的利益。华特曾说:"在我们的事业中,你可以对人们进行教育,但不要让他们察觉。你要寓教于乐。"

10.用心维护。在迪士尼乐园,所有设施都要求功能完好。维护不力,将导致巨大损失。

第2章

米奇十诫：打造极致体验的十条创意法则

　　幻想工程师将电影《汽车总动员》中的场景都变成逼真的三维实体，甚至让孩子惊叹，这就是拍电影的地方。他们如何化虚为实？项目众多，"夺宝奇兵" 凭什么每天让游客为它排起长龙？作为全世界最著名的公园之一，动物王国在开园之初的游客体验情况却不理想。问题在哪里？怎样解决？

戒律 1　了解受众需要并想要什么

你如何沟通,以及沟通什么内容,必须取决于你把谁当成自己的目标受众。在迪士尼,建设主题公园的想法一开始是由华特本人提出来的。

有一次,华特带着他的两个女儿去游乐园玩。当两个女孩在儿童游乐设施上玩得很开心的时候,华特却只能坐在一旁的椅子上往嘴里塞爆米花。有了这次令人沮丧的经历后,华特认定,世界上应该有一个"可以让父母和孩子一起玩耍"的乐园。

于是,我们的目标受众,就是一起行动的"家庭"。这些"家庭"可能来自美国、日本、法国以及中国,当然还包括那些从邻国或遥远的地球另一边慕名而来的家人朋友。无论男女老少,都能在我们的主题公园中一起行动,一起享受。

所以,我们首先要确定的是自己产品的宣传和销售对象是谁。

米奇奥斯卡:汽车总动员乐园

日近黄昏,我和妻子利亚坐在公园里的一张长椅上。那是迪士尼加州冒险乐园开园第一天,"66 号公路"①沿线霓虹渐起。突然,一名 7 岁的小游客停住了他的脚步。

"快看,妈妈!"他叫道,"这是他们拍那部电影的地方!"这是由约翰·拉塞特执导,迪士尼和皮克斯公司于 2006 年合作发行的电影《汽车总动员》应得的赞赏。现在,这部电影里出现的汽车旅馆、Flo 的 V8 咖啡厅和路易吉的轮胎店,当然还有水箱温泉镇大赛车,都变成了三维实体。

汽车总动员乐园的获奖理由之一,是为表彰其背后的团队合作,包括迪士尼的幻想工程师凯西·曼格姆(制片人)、凯文·拉弗蒂(概念和故事作者)和若尔特·霍尔毛伊(负责制作凯迪拉克山脉),还有皮克斯的罗杰·古尔德(概念和故事作者)、利兹·加扎诺(制片人)和比尔·科恩(概念设计图作者),是他们领导创作了这部凝结无数人天赋的获奖作品。

凯文·拉弗蒂说:"幻想工程师和皮克斯公司之间的合作,是有关汽车总动员乐园最有趣的故事之一。"

"2004 年,那时候离汽车总动员乐园诞生还有 8 年,罗伯特·科尔特林和我受到加州汽车文化的启发,开始了创造一个游乐园的工作,"拉弗蒂说,"同时,我们不知道的是,皮克斯公司正在制作一部关于汽车的新电影。了解到这一点之后,我们立马坐飞机前往位于加州爱莫利维尔市的皮克斯总部,希望能在他们的电影里找到一些合适的元素,用在我们的 20 世纪五六十年代的汽车主题游乐设施中,也就是我们所谓的汽车乐园。《汽车总动员》的导演、皮克斯公司富有创造力的领导约翰·拉塞特,向我们提供了电影的概念图和早期样片。

---

① Route 66,被美国人亲切地唤作"母亲之路"。呈对角线的 66 号公路,从芝加哥一路横贯到加州圣塔蒙尼卡。——译者注

我们瞬间爱上了电影里的故事、角色和那个生机勃勃的世界。"

为期6周的皮克斯之旅结束后,我们在电影上映的两年前建造了其中的主要景点——水箱温泉镇大赛车的所有故事板。2007年,随着《汽车总动员》电影的大获成功,约翰建议我们把汽车乐园的名字改成汽车总动员乐园。而我们也很快就意识到,把电影里宏伟的"饰物谷",整个水箱温泉镇,以及所有汽车角色带到现实世界的唯一途径,就是和皮克斯公司展开合作。

"而挑战在于,"拉弗蒂指出,"我们需要做的不仅是建造电影里刻画的世界,更要'填补空白',额外加上一些虚构的故事。整个汽车总动员乐园,是要大于电影里呈现的那个世界的。看过电影的人,从未见过V8咖啡厅内部的样子,斯坦利绿洲甚至根本没有在电影里出现过。

"另外,皮克斯公司还为汽车们生活的那个平行世界制定了一些规则。我们必须遵循并根据这些规则,创造电影里没有,但合情合理的新元素。"

"在幻想工程师的场所建造和皮克斯公司的故事讲述之间,还有一个关键的联系纽带,"拉弗蒂说,"拉赛特认为,我们应该进行彻底的研究,以保证皮克斯公司创造的世界是真实可信的。他建议我们从'66号公路'开始着手。于是,我们和皮克斯公司的伙伴们一起花了10天的时间,专门沿着那条'母亲之路'绘制草图并拍摄照片。那场旅程极大地激发了我们的灵感和设计创意,包括小镇建筑物的内部设计,以及我们用来建造汽车总动员乐园的材料。更重要的是,这次经历,让我们两个团队更加亲密。"

"所以,一点也不奇怪,"拉弗蒂强调,"当孩子们走进加州冒险乐园的汽车总动员乐园时,他们相信这就是那部电影的拍摄地。"

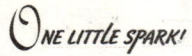

一旦确定了目标受众,也就是电影《汽车总动员》的"粉丝",汽车总动员乐园团队就竭尽全力地对原始材料做彻底研究,终于成功地满足甚至超过了目标受众的预期。

高飞奖:与世界相约

有时,一个善意的点子也有可能带来一场意外的灾难。1983年,我们在东京建设了第一家非美国本土的迪士尼乐园。当时的迪士尼主席E. 卡登·沃克认为,我们应该对日本历史表现出足够的尊重,从而用逻辑和理性打动各大中小学校长,让他们组织学生来一次实地考察。我们的历史课,名叫"与世界相约"。该演出在一个剧场中举行,这个剧场的风格与1964年华特为纽约世博会打造的"文明演进之旋转木马"相类似。

我们为演出请到的演员阵容十分强大:主题曲由 *Mary Poppins* 词曲作者谢尔曼兄弟倾情创作,设计则由伟大的幻想工程师赫布·赖曼和哈珀·戈夫亲自操刀。然而,整个演出从一开始就一塌糊涂,原因十分明了。

谢尔曼兄弟试图用以下这首歌,对演出进行生动介绍:

Meet the World

Robert and Richard Sherman

Born of the great mother sea

The outside world was a great mystery

We lived on our islands alone

Til our first sailors explored the unknown

Reaching out, friendly hands

To meet the world around us

Friendly people of Japan

We meet the world with love

We meet the world with love

We meet the world with love

Reaching out, friendly hands

We meet the world with love

Japan of today leads the way

Dynamic dreams and great hopes on display

And each year our efforts increase

Touching all the world over with friendship and peace

Reaching out, friendly hands

To meet the world around us

Friendly people of Japan

We meet the world with love

We meet the world with love

We meet the world with love

Reaching out, friendly hands

We meet the world with love

但是,日本游客去东京迪士尼乐园是为了放松娱乐的,而不是为了去上一堂粉饰日本"二战"的历史课。他们或许做好了"用爱相约世界"的准备,但并不想"用爱相约这个景区"。

虽然该景区背后一直有赞助商硬扛着,但它最终于2002年关闭。

2009年,它被"怪物电力公司"取代,如果你对此感兴趣的话,就快去看看吧!

戒律2 穿顾客的鞋子:通过感同身受完善细节

读了沃尔特·艾萨克森的《乔布斯传》后,你就会明白这条戒律对创造新产品而言有多重要了。乔布斯对细节的追求几乎已经到了偏执的地步。

除了产品本身,乔布斯还在包装上花了大量时间和心血,让手机开箱的过程也成为了顾客对苹果产品体验的一部分。想要创造出一种不仅能吸引消费者,还能让他们产生重复消费冲动的产品,就必须理解你的顾客会对你的产品产生什么样的初次体验。

在迪士尼乐园开业初期,不仅游客对这一切感到新奇陌生,幻想工程师也是如此。所以,华特特别颁布"法令",要求全体幻想工程师至少每两周去一次迪士尼乐园,老老实实和游客一起排队,体验一下"衣食父母们"的切身感受。

至今,关于1962年我为迪士尼乐园撰写的迪士尼乐园导游手册(成人3美元一本,12岁以下孩童2美元一本)的内容,我仍然记忆深刻。为了获取游客体验第一手资料,我还亲自带领第一批游客游玩迪士尼乐园。而第二和第三批游客,则由公园运营主管迪克·努尼斯和市场营销主管杰克·林德奎斯特轮流上阵。事后,当我们坐下来,一起回顾游客们的反应时,我不仅能依据自己的直接观察和亲身体验来完善这本小册子,还能从运营和营销的角度,填补重要的细节。

抓住一切机会,"**亲自体验顾客的感受**"。这是让你完美达成目标的极佳方式。

米奇奥斯卡：小飞象邓波

我很高兴，一些最具想象力和创造力的幻想工程师想出了一个办法，成功规避我之前总是重理论轻实践的错误。

《奥兰多前哨报》的一篇头条阐述得很清楚：梦幻世界的小飞象邓波：让你在迪士尼世界享受新、旧和双倍的快乐。

报道说："游客无需再为玩小飞象邓波而排队苦等。迪士尼专门将一个马戏团搬到小飞象邓波馆内，让难熬的排队时间在互动游戏的快乐中度过。"

事实上，"馆内"才是这里的关键词和魔法公式。在奥兰多的炎炎夏日中排队等着玩小飞象邓波，无论是对大人还是小孩来说都是一个不小的挑战。但神奇王国的运营者，用非常经济的方案完美地解决了这一问题。

多年来，幻想世界的运营部门一直想要新增一个小飞象邓波馆，但从审美的角度上考虑，我拒绝他们的提议。在原有的16个小飞象旁边再添16个小飞象，在我看来是完全不合理的。我相信，我们的幻想工程师一定能够用自己的非凡智慧，创造出一个更有创意的解决方案。

2012年到2014年期间，幻想世界进行了一次阶段性景点维护。这正好为克里斯·贝蒂领导的迪士尼幻想工程创意团队解决小飞象问题提供了一次机会：设计一个类似马戏团帐篷的建筑，里面布置好一个带空调的游乐场，让游客在等候骑乘小飞象期间不再需要排队。每个家庭都将领到一张装有传呼装置的"马戏团门票"，他们在等候时，会先进入一个马戏团主题的游乐场游玩，玩乐的同时也能让孩子亲身体验一下当马戏团演员的感觉。当轮到他们骑乘小飞象时，"门票"中的传呼装置就会发出提醒。

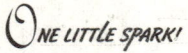

克里斯·贝蒂叙述了新幻想世界团队是如何研究出这个天才解决方案的:

"尽管迪士尼幻想工程中的新幻想世界团队总是面临着数不尽的难题和挑战,"克里斯说,"但没有一个任务像改造小飞象邓波馆一样令人气馁。我们知道,如果只是单纯地把小飞象挪到另一个更阴凉的地方,我们就得将之前的工作全部推倒重来,还要给游客们设计一个全新的背景故事,为他们的初次体验带来新的惊喜。"

"每年,神奇王国都会迎来数百万的游客,而没有乘坐过小飞象邓波的话,游客的神奇王国之旅就是不完美的。骑乘小飞象已经成为造访神奇王国的每个家庭的神圣仪式。"克里斯说,"由于该项目太受欢迎,排队等候的时间变得十分漫长,很多小游客根本熬不住。新幻想世界团队的队员大都亲身体验过那种感觉。我们当中很多人都曾带着自己的孩子,在小飞象馆外的烈日下排队等候。

"很快,我们意识到,可以将游客排队的过程变得有趣一些。我们可以邀请游客在等着坐小飞象时先进入马戏团帐篷,观赏与《小飞象的马戏团》有关的表演。这个创意让我们兴奋不已,因为方案实现游客舒适等候的同时,也延长了他们玩小飞象的整个故事体验。"

"这个概念极具挑战性,"克里斯详细叙述道,"因为我们实际上是要取消排队。在此之前,没有任何一家主题公园进行过类似尝试。等候的游客要怎么样才能知道是否轮到自己了呢?这个概念,怎么样才能让已经用传统方式经营小飞象馆超过50年的运营团队接受呢?针对这个问题,我们专门组建了一支由幻想工程师和开明运营者组成的团队,队员的共同目标只有一个,那就是提升游客体验。

"随着新幻想世界开园,新小飞象邓波馆受到了来自全世界游客的极大欢迎。而且,和所有新开设的景点一样,我们还需从中总结更多的经验，克服更多的难题，才能为游客提供更完美的游乐体验。"

"幻想工程师团队总结的一条重要经验是，"克里斯强调，"通过与同伴合作，我们可以将可能性的边界推得更远，就算大家在创意和目标上有所分歧甚至发生争执也没有关系。归根结底，不同的角度、不同的观点越多，对设计越有帮助。而且到最后，受益的一定是游客。我们要时刻将游客的体验放在心里。

"至于在小飞象邓波馆原有的基础上增加更多的小飞象，我们考虑的是，如果16头小飞象齐飞的景象很壮观，那么32头呢？

"外观上，新小飞象并不是对原小飞象的简单复制，它们的'系统方向'是与原小飞象相反的。就如媒体报道，'双倍的小飞象，为游客提供双倍的乐趣！'"

这次，我支持了这个想法。毕竟1941年的那部动画电影太受人们欢迎，以至于最老的一台小飞象游乐设施于迪士尼乐园诞辰50周年，即2005年被赠予华盛顿特区的史密森尼美国历史博物馆。

高飞奖：明日世界

"对某些需要一砖一瓦打造的项目而言，这个世界有时候发展得太快了。"汤姆·菲茨杰拉德回忆着说。《精明的电脑》是他作为幻想工程师参与的第一个项目。现在，他已经是幻想工程高级副总裁了。

"明日世界中心还处于设计阶段时，"汤姆说，"我们就决定将一个关于电脑的故事包含进去。当时，提起电脑，人们最容易想到的是巨大的主机，还有对电影《2001太空漫游》[①]里哈尔9000的恐惧。于是，我们决定用一种友好、温柔的方式，展示电脑是如何帮助迪士尼创造

[①] *2001: A Space Odyssey*，是由斯坦利·库布里克执导，根据科幻小说家亚瑟·克拉克小说改编的美国科幻电影，于1968年上映，被誉为"现代科幻电影技术的里程碑"。——译者注

奇迹的。我们甚至邀请了谢尔曼兄弟写了一首叫做《我的朋友电脑》的主题曲,以确保每位游客都能体会我们希望传达的意思。

"这场演出可以让观众对明日世界真正的电脑控制中心有一个全景式的了解。在投影屏幕和特效魔法的帮助下,游客观看演出时,不用打扰到真实控制室里的技术员。这是科学与奇幻的真正结合,至少我们是这样认为的。

"后来,就在我们完成最后工作,准备好让演出首次登台时,一件颠覆一切的事情发生了——个人电脑横空出世!一夜之间,每个人都渴望拥有一台电脑。那我们精心准备的演出呢?在第一次正式登台前,它就已经过时了!虽然我们很快对故事进行了一定程度的修改,但它仍然远远落后于时代。电脑自我改变的速度和改变世界的速度都远超我们!"

在这种情况下,我们根本来不及亲自体会游客的感受,游客就把我们远远地抛在了身后。

戒律 3　给创意一个内生逻辑

伟大的故事都有一个无缝的内在逻辑,能让读者沉浸在满足的体验当中。它既可以是父母读给孩子或博物馆展示给游客的故事,也可以是突然和凶残海盗一起被卷入的一场海上大冒险。

当然,凡事都有例外。旧式游乐园里的魔镜迷宫或奇幻屋总是故意为游客带去支离破碎的迷幻体验。但是,令人想要一遍又一遍阅读、观看乃至体验的大冒险,必须逻辑清晰、结构精巧。这一点不难理解,无论大人还是孩子,都喜欢人物清楚、地点分明的故事。

没有人比约翰·亨奇更懂得如何组织人群和创意。1978 年,约翰在接受《新西部》（New West）杂志的采访时表示：

"如果你身处某个博览会，琳琅满目的展品都会向你招手，希望引起你的注意。于是你一路走马观花，左顾右盼，很难梳理出一个头绪来。你需要在令人眼花缭乱的信息中不停地做选择，做判断。但在迪士尼乐园，当游客需要做重大决定时，为了简化选择过程，我们不会同时给出七八个选项，而只会给出两个，然后自然地展现它们。"

米奇奥斯卡：夺宝奇兵之禁眼神殿

夺宝奇兵①是迪士尼乐园最著名的大冒险项目之一。它名气太大，以至于东京迪士尼海洋世界也将"夺宝奇兵之迷失三角洲的水晶头骨"当成一个主打项目来做。该项目的骑乘设施是从迪士尼世界动物王国的恐龙项目"移植"而来的。每天，迪士尼探险世界的游客们为它排起的队伍足有800米之长，它是全世界迪士尼乐园的标杆。

游客沿着"森林河流之旅"排起长队。那里树木繁盛，藤蔓蜿蜒，充满丛林气息，能有效调整游客情绪。占地4 645平方米的末日神殿就是最终目的地，同时它也是排队体验的重要部分。一旦进入神庙，武器展厅（小心里面的长矛！）、圆形日历展厅（里面的巨石在移动吗？）和以报道发现古墓的新闻形式呈现的项目介绍，将为接下来的大冒险打下良好的基础。

夺宝奇兵的骑乘系统，被迪士尼运营者们称为"运动强化载具"。简单来说，它是一部模拟军用车的载具。它上下颠簸，滚动前行，载着12名游客穿过"命运之室"和"希望之厅"，经过雕刻着天魔之脸

---

① Raiders of the Lost Ark，由乔治·卢卡斯编剧和史蒂文·斯皮尔伯格导演，曾于1981年获得奥斯卡最佳视效、最佳艺术指导、最佳剪辑、最佳音响、特别成就奖及多项提名，被称为电影史上的"动作片经典"。——译者注

几个大字(Mara's face)的巨石。当他们体验摇晃刺激的木桥、绳桥时，周围会燃放起炫目烟火，亮起绚烂灯光。项目的最后，在印第安纳·琼斯的帮助下，游客们将在千钧一发之际，从巨型卵石的毁灭性攻击中绝境逃生。其惊险刺激程度，可谓举世无双。

然而，为组织人群和创意设下标杆的，实际上是之前的排队过程。真正登上载具时，游客已完全沉浸到了乔治·卢卡斯和史蒂夫·斯皮尔伯格导演的《夺宝奇兵》三部曲的神秘氛围中。约翰·威廉姆斯[①]创作的电影主题曲贯穿整个项目，它也强化了游客的沉浸体验。

高飞奖：动物王国

杰克·林德奎斯特是迪士尼乐园的第一位营销经理，后来又成为了迪士尼乐园的第一任总裁。他总是喜欢回忆迪士尼乐园动物王国的早期时光。"我们什么也不懂，所以什么都想尝试一下。"

然而，到1998年的时候，迪士尼公司已经从当时全世界的9个主题公园中汲取到了大量的关于游客的经验教训。在新开办一家迪士尼乐园，或新开设一个景点之前，我们几乎可以预估到所有的问题。但是，当第10家迪士尼乐园，即全世界第4个迪士尼世界在1998年初开园迎客时，我们意识到自己犯了几个最基本的错误。其结果是：最早的几批游客在里面玩得一头雾水。

对此，设计团队的创意领导乔·罗德给出了解释。

"在设计动物王国时，"乔说，"我们是基于一个大冒险的理念展开工作的。我们希望新的迪士尼世界成为一场冒险之旅。为此，我们

---

① John Towner Williams，钢琴家、指挥家、作曲家、电影配乐家，截至2014年2月共获得49次奥斯卡奖提名（包括5次最佳歌曲提名和44次最佳配乐提名）、5次获奖，18次格莱美奖提名，4次金球奖，7项英国学院奖。——译者注

特意将一条道路的终点隐藏起来,就像一场小冒险,让游客自己去揭开谜底。我们将道路设计成不能一眼望到最后的效果。但这没有用,如果看不到终点是什么,游客根本不会往那个方向走。

"虽然并非每个人都如此,但从工业工程学的角度来看,心存疑虑的游客会越聚越多,多到让后面的人再不敢涉足这条小路。他们必须知道这条路到底通向哪里才能安心。所以,后来我们把那条路加宽了,让游客可以一眼看到道路的终点。我们还把道路过于蜿蜒的地方拉直了,于是人流才开始顺畅移动。"

"游客是来游玩的,"乔现在懂了,"他们并不总是会配合那些夸张过头的创意。"

迪士尼动物王国作为全世界最著名的公园之一,每年吸引着超过1 000万的游客。一旦迪士尼总结了与道路设计有关的经验,并运用到哈兰贝村、恐龙乐园、狮子王庆典表演、卡利河惊险激流之旅、土邦主森林历险、乞力马扎罗之旅、珠峰探险以及迪士尼乐园标志性的44米高的"生命之树"等景点,迪士尼动物王国很快就在众多迪士尼乐园中奠定了自己的地位。

迪士尼世界的游客还可以在附近的迪士尼动物王国旅馆继续享受动物王国大冒险。该旅馆拥有1 300个房间,从每个房间的窗户往外看,在草原上悠闲吃草的动物都能尽收眼底。这也许让游客恍然间觉得,自己在非洲大草原的边缘度过了美好的一夜。

"我们的故事不仅和动物有关,"乔指出,"也和我们自身有关,包括人类和动物的关系,动物对人类而言的意义,以及人类对动物而言的正面和负面意义。在电影《阿凡达》中,我们也创造了专属的虚拟动物,它是对现实世界的一个隐喻,反映了人类和动物的关系。"

将人群和你的创意有序地组织起来,不仅是主题公园向游客展示故事的手段，它也可以让你通过任何媒体，清楚、高效地进行展示。

戒律 4　创造一根"维也纳香肠"

烹制一根美味的"维也纳香肠"。不，我们要谈的不是著名的纳森热狗店，更不是香喷喷的道奇热狗。华特所说的"维也纳香肠"，特指可以引导游客获得逻辑清晰的体验的视觉目标。回想一下，迪士尼乐园里那些老远就能把你吸引过来的"视觉磁铁"，如小镇大街尽头的城堡，明日世界里的宇宙飞船、地球飞船，以及迪士尼好莱坞影城里壮观的中国剧院等。

下次有人问你家怎么走时，你就可以参考本条戒律。你能找到哪些"视觉磁铁"呢？一个教堂尖塔？一栋高耸的学校建筑？还是任何特征明显的一棵大树？

我们从伟大的迪士尼"大厨"那里学到的第一道菜，就是如何烹制一根迪士尼"维也纳香肠"。菜单上的标志性建筑，其名声几乎可媲美巴黎的埃菲尔铁塔、伦敦的大本钟，或纽约皇后区法拉盛草原公园的巨型地球仪①。而事实上，华特最钟爱的一根"维也纳香肠"，是1964年为纽约世博会创建的四风塔（Tower of the Four Winds）。该塔的创建代表了联合国儿童基金会向全世界的孩子致以真切的关爱。

多年前，当埃及图特王的宝藏漂洋过海，初次来到美国的博物馆进行展览时，洛杉矶艺术博物馆邀请了约翰审查他们的展会设计。据约翰所言，他们把展览的压轴宝藏之一——图特王的黄金面具，放在了展览的入口处。他立即意识到，把黄金面具摆在这个地方，根本

---

① 该地球仪兴建于1964年，是当时纽约世博会的标志，至今仍吸引着全世界数百万游客前来瞻仰。——译者注

就是为游客竖起一块"止步告示牌",阻止他们继续往里面走。所以,约翰建议把黄金面具移到展会最深处,把它当做吸引游客一路走到展会终点的"维也纳香肠"。

米奇奥斯卡:所有梦幻城堡

最初的迪士尼乐园城堡已经成为全球赫赫有名的标志性建筑。2015年,随着迪士尼乐园60周年庆典的到来,或许我们该想想,为什么幻想工程师不直接将睡美人城堡复制到全球各地的迪士尼乐园,作为它们的标志性建筑呢?事实上,在全球5个迪士尼神奇王国中共有3座不同风格的城堡,而上海迪士尼乐园的第4种风格的城堡正处于兴建当中。一根"维也纳香肠",不仅能为某个景点或某些体验吸引游客,还能起到统一主题的作用。

建造迪士尼乐园城堡的过程始终遵循着华特的指令:城堡始终是人们的方向坐标,必须保证乐园中每个地方的游客都能看到它。换言之,它是一根"维也纳香肠"。

"华特喜欢有蓝色屋顶的模型,"哈丽雅特回忆道,"因为他觉得,蓝色屋顶正好可以与天空融为一体,让城堡看起来更巍峨。"城堡的第一张素描图是赫布画的,他说:"我画的那张城堡图,是在巴伐利亚国王路德维希二世的宫邸①新天鹅堡的基础上设计而成。这个创意源自我的朋友迪克·欧文和马文·戴维斯。"但实际上,赫布反对直接将那座著名的欧洲地标复制过来。如兰迪·布莱特在《迪士尼乐园:内幕故事》中所写:赫布曾指出新天鹅堡与整个迪士尼乐园城堡的设计方向是相反的。一天,他抓着新天鹅堡缩尺模型的顶部,将它整个

---

① 路德维希二世迷恋音乐文化,热衷修建城堡宫殿。这里的宫邸指的是新天鹅堡、林德霍夫宫以及赫尔伦基姆泽宫。——译者注

翻转了180°，然后放到可以俯瞰整个小镇大街的地方。令人意外的是，就这样简单地挪了一下位置，华特就对此大为赞赏。"辩论结束。"布莱特写道。

但真正到了为迪士尼世界神奇王国设计城堡的时候，睡美人城堡就完全不合适了。它只有23.5米高，在迪士尼乐园，游客从火车站下车，站在322米长的小镇大街的入口处正好能看得见。但在占地113平方千米的迪士尼世界里，当游客抵达交通中心时，他们距离城堡还有1 600米远。神奇王国的城堡要足够高，才能被游客看到，所以幻想工程师设计了塔尖离地高度为57.6米的灰姑娘城堡，登上足以俯瞰整个佛罗里达，美景尽收眼底。它甚至被专门安装了一个红色的警告灯，以提醒飞机避让。

灰姑娘城堡被复制移植到了1983年开始运营的东京迪士尼乐园。1992年，幻想工程师在为巴黎迪士尼乐园打造一座城堡时意识到，无论是迪士尼乐园的睡美人城堡，还是迪士尼世界的灰姑娘城堡，都派不上用场。法国人既不会让我们在巴黎建一座德国人的城堡，也不会喜欢我们直接复制一座他们自己的历史建筑。我们必须专门为巴黎迪士尼乐园想出一个新的办法。

汤姆·莫里斯是幻想世界的舞台艺术总监。《敢想！敢做！》中，我曾引用了他在 D23 杂志中对巴黎迪士尼乐园创意的描述：

"我们选择了一座看上去直接就是来自某欧洲童话的幻想城堡。最开始的想法是，它要像圣米歇尔山一样拔地而起，伸向天空。我专门参观了巴黎西部卢瓦尔河地区的城堡，此前灰姑娘城堡就是从那里汲取的灵感。阿泽勒丽多城堡的尖塔美感十足，肖蒙城堡的窗户也十分有趣，有些城堡的护城河非常美，而有时一扇特殊的染色玻璃窗就能让我产生无限遐想。总之，这一路上充满灵感。"最终，我们选择建造电影《睡美人》里的城堡，并邀请著名美国插画家艾温德·厄尔对其外观进行重新设计。厄尔的灵感来自巴黎克鲁尼博物馆里的挂毯艺术。于是，一番兜兜转转之后，事情回到了原点。

睡美人城堡结合了当代法国的钢筋水泥建筑工艺和当地的欧洲手工艺：石膏雕刻和染色玻璃窗制作。某些与我们合作的公司，尤其是挂毯和屋顶瓦片的制造商，已经拥有 500 多年的历史。

最新的两座迪士尼城堡都位于中国，它们的设计理念差异很大。2005 年正式运营的香港迪士尼乐园，的小镇大街设计以阿纳海姆小镇大街为蓝本。因此，我们将最原始的睡美人城堡移植过来作为"维也纳香肠"，吸引游客走进被所有景区环绕的中心广场，是一个再自然不过的选择了。但上海项目团队面临的情况就完全不同了。上海迪士尼乐园的蓝图完全是一张白纸，需要我们将自己的想象力、创意设计和运营技术完全推倒重来，打造一个空前壮丽的新世界。

　　上海迪士尼乐园奇幻童话城堡的建筑创意总监库尔特·温，向我叙述了他们团队为奇幻童话城堡精心研究的设计思路：

　　"2010年，上海迪士尼项目创意总监鲍勃·韦斯邀请我领导设计上海迪士尼乐园的城堡，当时城堡的设计还停留在起步阶段。鲍勃在几名迪士尼幻想工程设计师、建筑师和顾问当中举行了一次设计比赛，看是否能够找到令人眼前一亮的创意。"

　　"人们提交了各种各样的方案，"库尔特说，"但道格·罗杰斯的设计图力压群雄，一举夺魁。当时他刚完成《长发公主》的设计，而且也参与了那部电影里城堡的设计。道格画的城堡的基底不是典型的迪士尼城堡的风格，看起来与法式城堡更相似。最后，上海迪士尼城堡的设计团队以道格的创意为出发点，了进一步的研究设计。"

　　如库尔特描述，"该建筑方案，比任何一座迪士尼城堡的都要负责任。它包含一个奇幻童话城堡日间舞台秀，需要划船穿过的神秘地下场景，一个船坞、一家生活零售店、一家250座的饭店，一处城堡漫游景点，一处动画角色互动景点，一家动画人物精品店，一个秘密回廊花园，一个花园俯瞰点和一个VIP隔间。

　　"城堡的电梯系统需要将演员和游客错开，但又必须能够让演员魔法般地突然出现在游客面前。更有一条壮观的双螺旋楼梯带领游客通向城堡的第三层表演秀。而相比之下，迪士尼世界的灰姑娘城堡，只有一家较小的饭店和一家动画人物精品店招待来客。"

　　"当所有功能都被设计好之后，我们就要仔细地研究它的概念图了。"库尔特说，"关键在于，这座城堡既要让人感觉独特，又能让人一眼看出它的确是迪士尼城堡大家族中的一员。这是一项令人望而生畏的任务，为此我们必须给城堡设计垂直的墙体。随着城堡的基底慢慢成形，接下来我们的任务就是研究如何在基底上竖起高塔，给城堡打上迪士尼烙印。这项任务是在电脑设计的帮助下完成的。上海的迪士尼城堡高59.7米，比佛罗里达的灰姑娘城堡高3米，比迪士尼乐园的灰姑娘城堡高36.6米。"

"概念设计工作完成后，我还是感觉这座城堡存在一点身份识别上的问题。"库尔特说，"后来在2011年，我前往德国参观了新天鹅堡，并在那里找到了想要的答案。新天鹅堡雄踞在巍峨山岭之上，其背景是险峻的峡谷和高山。它在很大程度上影响了早期迪士尼城堡的设计。最令我印象深刻的，是它简洁优雅的外形设计。

"随着设计工作的进展，为了研究该城堡的具体坐标，我们制作了一个更大的模型。在我的第一次城堡研究之旅中，我对那些城堡的'接地方式'记忆犹新。有时候，它们似乎是直接建在了坚硬的岩石上。底下垫着一块最大的岩石，然后越往上，用的岩石就越小。我也希望采取这样的方式，让上海迪士尼城堡看上去更坚固，也更优雅。实体模型是非常有用的工具，是虚拟模型取代不了的，而在迪士尼幻想工程中，我们两种模型都会用到。"

库尔特总结："设计奇幻童话城堡是一份既充满挑战，又充满乐趣的工作。我希望游客们能够喜欢它！"

高飞奖：世界市集中央大街

好吧，我已经能听到对这次高飞奖的抗议了："你怎么能诋毁迪士尼乐园历史上最伟大的成就之一呢？"我来解释一下。

东京迪士尼乐园团队做过非常详尽的分析，研究是否能在日本千叶县浦安市建造一座新的公园。天气是其中一个关键考量因素。迪士尼从未在需要考虑寒冬因素的情况下建造或运营一家迪士尼乐园。而在东京，冬天雨雪泛滥，夏天又热又湿。我们的团队和东方土地公司，也就是东京迪士尼乐园的运营者，决定用一个巨大的玻璃棚将小镇大街覆盖起来。再加上一点国际元素，它就变成了维多利亚风格的世界市集。其他迪士尼乐园的小镇大街，都开设了标志性的零售店、食物店和游客服务点；而东京迪士尼乐园的这两个改动，极大地影响了它的外观和游客的初体验。

首先，它是唯一一个在入口处没有设火车站，整个公园也没有铁路环绕的神奇王国。而在边域世界（Frontierland）和西部世界（Westernland），火车甚至是一个单独的冒险项目。

其次，中央大街将整个世界市集从中间一分为二，导致很多游客直接走进了迪士尼乐园，而不是先到中心广场。

从世界市集向迪士尼乐园中心一眼望去，就能看到玻璃屋顶的灰姑娘城堡。它本应该成为所有迪士尼乐园中最出色的"维也纳香肠"，然而，原本用于紧急逃生的两条明晃晃的道路却大大削弱了它的吸引力。站在中央大街的入口向东拐，走几步就到了探险世界；向西拐，路的那头就是明日世界了。

自1983年4月12日东京迪士尼乐园开园以来，世界市集中央大街就这样安静地存在了30多年。我敢说，只有极少数东京迪士尼乐园的游客能够意识到中央大街存在的问题，但这并不意味着这个问题不严重。提到游客的方向标和迪士尼城堡的作用时，我的确是一名迪士尼纯粹主义者。

"城堡始终是人们的方向坐标，"华特告诉赫布，"必须保证乐园中每个地方的游客都能看到它。"我们总是要总结经验，并从中学习。所以我认为，东京迪士尼乐园的中央大街得到这次的高飞奖一点也不冤。不过应该被肯定的是，在之后的迪士尼乐园中，幻想工程师再也没有犯过同样的错误。

戒律5 视觉素养交流：利用所有非语言工具

作为一名迪士尼乐园公共关系部的撰稿人，我开始了自己的迪士尼职业生涯。我一直以为读写能力是个人素养的重要指标，但认识约翰不久后，他在一次讨论中，提到了"视觉素养"这个词。

虽然大多数幻想工程师的受教育程度都不及约翰，但我们都能理解他的意思。作为设计师和故事讲述者，我们也用非语言的途径进行交流，包括颜色、形状和纹理。

后来，约翰在他的著作——由迪士尼出版社于2004年出版发行的《设计迪士尼：幻想工程和景观的艺术》中，对视觉素养的概念做了进一步的阐述："我们对颜色进行了密切的关注，并研究它们对我们的故事讲述将起到怎样的帮助。在迪士尼乐园里，没有任何物体是单独出现的。迪士尼所有的建筑和外墙面都彼此毗连，而且与周围的人行道、风景、不断变化的天气以及各种小道具和装饰性家居都完美地融合为一体。颜色还能帮游客做决定，因为不同的景观都有其标志性的色彩基调。"

想要将信息高效地传递给受众，一定要确保自己懂得利用所有的非语言工具。

米奇奥斯卡：世界橱窗

20世纪70年代末，当迪士尼传奇弗雷德·乔尔格走进我的办公室时，我就像得到了上帝的双重眷顾。弗雷德建议："你觉得我们让哈珀参与到明日世界的项目中怎么样？"

上帝给我的第一重眷顾，是弗雷德本人。他和哈丽雅特及瓦塞尔·罗杰斯都是伟大的模型制作师，是他定义了迪士尼幻想工程的立

体设计。其实在1979年初,为迪士尼服务超过25年的弗雷德就要退休了。但在他退休之前,我拿自己和弗雷德之间的友谊,以及我对明日世界项目的创意责任,说服他退休后继续回到迪士尼,担任新迪士尼乐园的实地艺术总监。换做是你,你难道不会尽一切努力以确保迪士尼乐园里的加勒比海盗、海底总动员等标志性景点,看上去能和幻想工程设计总监设计方案里的一模一样吗?

上帝对我的第二重眷顾,是弗雷德的朋友哈珀·戈夫,他正在寻求参与新项目的机会。明日世界正是一个绝佳的机会,它让又一位伟大的迪士尼传奇为自己的职业生涯画上圆满句号。迪士尼乐园小镇大街的早期概念图,正是出自哈珀笔下。有人说,小镇大街总是让人回想起哈珀的出生地,科罗拉多州的柯林斯堡。此外,哈珀还构思了迪士尼电影《海底两万里》里外表凶神恶煞、内部却充满维多利亚式豪华装饰的"鹦鹉螺"号潜水艇。

在迪士尼幻想工程部门,赫布、约翰、戴维斯、科茨、哈珀等人

创作了近20万张图,其中在"用视觉素养交流"方面造诣最高的,是哈珀于20世纪80年代为世界橱窗中各国关系及各国标志性建筑创作的说明图,后者包括日本的鸟居,意大利的圣马可钟楼和法国的埃菲尔铁塔。哈珀创作的说明图总能让人一眼看出各种建筑的特点,这些图无声地佐证并强调了用视觉素养将信息传递给游客的重要性。

米基·斯坦伯格曾与我共同负责迪士尼幻想工程的领导工作。最近他在给我写的信中提到了自己在幻想工程师设计的项目中发现的"幻觉状态"。"没有人比幻想工程师更擅长创造一个能让人进入'幻觉状态'的空间。"米基写道,"尽管所有孩子都知道自己在佛罗里达,但在某些特殊的时刻,他们真的相信,自己站在一片神奇的魔法大陆上。比如我的小姨子,虽然她知道自己在佛罗里达,但有那么一会儿,她真的以为自己身处巴黎。"

非常感谢你,哈珀。谢谢你的理念,谢谢你所设计的日本、意大利、德国、摩洛哥和英国展馆。

当然,也要谢谢你,亲爱的弗雷德!

高飞奖:幽灵鬼屋

在这次高飞奖选择过程中,我遇到了麻烦,但我必须诚实。其实,在对华特的这次批评中,我同样难辞其咎。当时华特正是因为我写的一篇文章才坚定了某个信念,而现在我却要回过头来批评这个信念。

以下是自1963年以来就贴在迪士尼幽灵鬼屋外面的所谓的"手写副本",而幽灵鬼屋真正对外开放的时间,是6年后的1969年。

记住，我们正在讨论的是戒律 5，"用视觉素养进行交流"。那么问题来了：幽灵鬼屋从外面看上去一点凶宅的气息也没有。事实上，这栋建筑的外观设计一直都是在争论中磕磕绊绊地进行，而且当时展馆内还是一片空白。这不是讲述故事的好方式。如果不是因为当时所有的幻想工程师都忙着为纽约世博会打造 4 个迪士尼展，我想华特永远不会把幽灵鬼屋设计成后来那个样子。当时是 1963 年，那些咧嘴笑的鬼魂，载着游客通往鬼屋的末日马车，以及随时准备透露凡人命运的莱奥塔夫人，都远未面世。

华特规定，迪士尼乐园将继续维护一个"外表平凡无奇但内部鬼魂肆虐"的幽灵鬼屋。20 世纪 60 年代早期，当他在英国接受的一次采访中被问到此次英国之行的目的时，华特回答："收集那些不想从我的幽灵鬼屋退休的鬼魂。"所以，那栋鬼屋的外表如何，真的没有多大关系，但它的内部一定会给你留下终身难忘的回忆。

最后，对我而言最有趣的是，我能通过鬼屋外面的文字，以"文字素养"和游客进行交流。

戒律 6　明确唤醒点，避免瞌睡点

在开始任何新项目前，你的第一要务永远是尽可能透彻地了解项目的背景或主题；第二要务则是成为一名出色的剪辑师，克制将你了解到的所有东西一股脑塞给受众的冲动，以免繁杂的信息造成刺激过载。

幻想工程师为迪士尼设计"明日世界"主题乐园时，我曾屡次提醒他们："我们要做的，是为各大场馆创造与其主题相关的唤醒点（Turn-ons），而这些主题包括能源、交通、食品、健康、通信、空间

等方方面面。"幻想工程师们首先要充分了解自己所做项目的主题，成为该领域的专家，然后综合利用所学知识，增加园区、演出与展览的魅力。举个例子：

在佩吉·法里斯与通讯史外部专家的一个合作项目中，我们看到她列出了一份整整 19 页的参考书目。在项目完成后，她不但能对我们讲古埃及法老语，还可以解读古希腊戏剧。而她学习以上的所有知识，仅仅是为设计"地球飞船馆"中一段时长 8 分钟的骑乘项目。游客在骑乘过程中所接收的音频和影像，都来自佩吉列出的参考书目中的内容。书中对某个历史事件的描述，往往只能浓缩成一段几秒钟的视频剪辑。然而这几秒钟的视频剪辑，必须激发游客对相关主题的兴趣，勾起他们进一步挖掘信息的欲望。

米奇奥斯卡：小飞侠天空之旅

就娱乐体验而言，"过载"的结果就是过犹不及。相反，有时候以最简单、最直接的方式将某个概念或某种体验呈现给游客，反而能起到更好的效果。

我对华特创建的 WED 公司里的元老级设计师充满敬畏，尤其是其中的动画世界的背景绘画师、颜色设计师和角色原画师，都在迪士尼制片厂积累了丰富的影视作品领导创作经验。他们正是凭借自己积累多年的工作经验，将精彩的故事，以及故事中的独特元素完美融入迪士尼乐园的设计中。

蟾蜍先生托德和老鼠蒂莫西，温蒂·达令和彼得·潘，这都是些家喻户晓的名字。其实，早期幻想工程师在将他们设计的角色搬上银幕前，就已经和这些动画巨星共同生活了几周甚至几个月了。

但是，和自己画板上的小叮当、彼得·潘或虎克船长朝夕相处是一码事；将一部76分钟长的动画片浓缩成两三分钟又是另外一码事。或许你会认为，在不到3分钟的故事讲述时间里避免信息过载不是什么难事。不妨想象一下，你正坐在迪士尼传奇人物肯·安德森、克劳德·科茨、约翰·亨奇和耶尔·格雷西身边，而手拿画板的他们，刚从华特那里接到了一项任务：让游客乘坐一艘15世纪的西班牙海盗船，尖叫着飞过月夜下的伦敦。注意：

◆ 现实中并不存在这种游乐设施；

◆ 他们不得使用卤素灯泡，触屏控制台，3D模型，计算机程序设计，LED照明等，因为在1955年，这些东西都还没有被发明出来。

迄今为止，建于1955年的"小飞侠天空之旅"一直是世界上最受欢迎的黑暗骑乘设施。乘客们坐在一艘由架空电缆吊起的15世纪西班牙海盗船中，和小飞侠一起开启一段天空之旅。自1955年7月17日迪士尼乐园开园第一天至今，"小飞侠天空之旅"始终是一场简单的、充满唤醒点的冒险。

高飞奖：向美国致敬

任何听说过鲍勃·贾尼的人都知道，他既是迪士尼公司的副总裁，也是著名的事件产业制作人。在20世纪70年代，他更是赋予了纽约无线电城音乐厅[①]新的生命。贾尼是其所在领域中为数不多的几位巨人之一。只要跟任何一位迪士尼乐园的粉丝提及"彩灯巡游"，你就

---

① Radio City Music Hall，世界著名艺术殿堂之一，是美国著名的格莱美奖和托尼奖的颁奖会场。——译者注

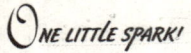

会知道贾尼在迪士尼主创团队中的地位有多重要。

迪士尼是贾尼的事业起点。20世纪70年代，贾尼离开迪士尼并创办了Robert F. Jani公司，他在这期间于无线电城音乐厅举办的那场演出，为业界敲响了警钟：如果沉迷于堆砌信息，那么你创造的可能就不是唤醒点，而是瞌睡点了。

犹记得那个夜晚，我在无线电城音乐厅的台下看了几分钟关于向美国50个州致敬的节目后，转身悄悄对妻子说："你发现了吗，贾尼要向50个州致敬，而现在才到第4个，所以我们还有46个没看。这将是一个漫长的夜晚！"

贾尼热爱美国。他在迪士尼内外策划的标志性演出，大多都是以爱国主义为主题。然而在那个夜晚，当意识到自己还有46个节目没看时，我突然领悟到一条真理：永远不要因为自己的唤醒点造成受众的刺激过载。开始时，或许你和观众确实站在了同一起点，但由于每个人处理信息的速度不同，一不小心，你的全部心血可能就会变成一场让观众昏昏欲睡的独角戏。

戒律7　一次一个：画出清晰的故事线

一个好的故事，总是逻辑清晰、有条有理、前后无矛盾，并紧紧沿着故事线发展。20世纪30年代，迪士尼发明了1.2米长，2.4米宽的故事板，在这上面可以钉上动画草图，记录创意。而现在，它已普及到了整个娱乐业。在我们的工作中，故事板是必不可少的工具，它可以帮助我们开发故事序列。

我们的目标是创造出一条故事线，并根据这条故事线将草图的第一张直至最后一张都串联起来。我们将仔细找出并认真填补故事中的漏洞，在必要的地方加上相应的情节和动作，最终创造出一条清晰的故事线，然后从各种角度进行复审。这样一来，每个参与其中的人都能理解项目的核心要素：故事。

对故事板进行复审，可以找出里面的某些薄弱角色并进行重塑。时任迪士尼 CEO 的迈克尔·艾斯纳与我们的团队一起复审"米奇幻想曲"时曾表示，他喜欢这个项目里的一切，除了主角。"奇妙仙子太甜美了，"他说，"我们需要一点冲突。为什么不试试唐老鸭？"这是一个颇具建设性的提议，它给整个项目定下了恰如其分的基调。毕竟，唐老鸭平常不总是喜欢跟米老鼠抢镜头，最后弄巧成拙，自己出尽洋相吗？

现在，我们的故事变得逻辑清晰，线索流畅分明了。我们全都一心扑在新的故事线上，而"米奇幻想曲"也自此大受欢迎，从佛罗里达一直火到了位于地球另一边的香港。

然而，你用不着也找来一个 1.2 米长，2.4 米宽的故事板，然后画一堆草图，记录一堆创意，最后才把它们拼成一个故事。试试"缩略草图"吧，每幅图只需画成 5 厘米 ×5 厘米大小，过程迅速，复审便捷，又有助于简单高效地交流故事创意。但同时，请不要忘了我的忠告，那就是：一次只讲一个故事。

米奇奥斯卡：文明演进之旋转木马

迪士尼乐园创业之初，华特就希望能在园中讲述人类世界的科技变迁。事实上，1957 年，我最早接到的任务之一，就是创作这样一本销售小册子，其内容是概述华特想要讲述的故事。那个项目的名字叫"爱迪生广场"，最开始的计划是，把它安置在美国迪士尼乐园小镇大街旁的几个巷子里。

华特曾拜访过亨利·福特[①]在密歇根州迪尔伯恩市建立的绿野村（Greenfield Village），这在很大程度上影响了他对"爱迪生广场"的早期构思。经过多年的努力，福特拿到了美国一些标志性发明的诞生地，其中就包括爱迪生工作过的实验室。华特非常尊重那些凭借自己智慧与汗水，为美国走在诸多领域前沿奠定基础的天才们。因此，他决定进行一次新的冒险，用故事来传颂他们的伟大功绩。

尽管幻想工程师为此精心绘制了无数草图，尽管时任WED公司总裁的比尔·科特雷尔亲自组织，爱迪生广场还是一直停留在概念阶段。直到通用电气公司打来电话，询问华特能否帮他们在1964年的纽约世博会上建几个展馆时，"爱迪生广场"才重获新生。

---

① HenryFord，美国汽车工程师与企业家，福特汽车公司的建立者，也是世界上第一位使用流水线大批量生产汽车的人。——译者注

首要问题是如何控制庞大人流。跨越两个季度的纽约世博会将吸引超过5000万的游客。在早期构思中,"爱迪生广场"是一个漫步景点,游客随着故事《电力发展史》的进展,从一个场景走到下一个场景。

这样,哪怕是在最乐观的情况下,每个小时也只有大约1 000名游客可以参观完整个展馆。对纽约世博会而言,这种速度完全不够。

华特知道,通用电气想要简单地向游客讲述一个关于电是如何影响世界的故事,而这个故事至少要能够将游客吸引到他们展馆的主景点来。于是便有了下面两个关键目标:

◆ 该展馆每小时至少能够接待2 500名游客;
◆ 无论通用电气展馆的其他项目是什么,华特负责的展览,应讲述家用电器如何改变人们的生活。

在罗杰·布劳吉和迪士尼制片厂机械车间的努力下,第一个目标顺利达成。"文明演进之旋转木马"理论上每小时可接待3 600名游客。从展览形式的角度看,华特和WED公司的设计师将"爱迪生广场"的故事讲述手法,变成了一部带有开场白和结束语的4幕"戏剧"。该表演最出色的创意在于,演出布景被固定在剧场中心,而分布在6个观众席上的游客,却一直在围绕着演出的大剧场运动。

你可以把它想象成一个甜甜圈。你的座位在甜甜圈上,空心部分则被所有用于演出的道具、布景、发声机械动画人偶、灯光和设备填满。

"欢迎来到'文明演进之旋转木马',"西部电影祖师级明星雷克斯·阿伦的声音响起,"世界上大多数的旋转木马转来转去,您还是

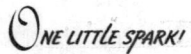

一直停留在原地。但这一次，我们的旋转木马每跑一圈，您都将往前迈出一大步！"

这就是一次只讲一个故事，并让那个故事不断进展的理想模式。半个世纪之后的今天，"文明演进之旋转木马"作为全世界最长的连续戏剧秀，仍然为全世界的观众带来无穷欢乐。甚至到现在，其中反映19世纪90年代、20世纪20年代和20世纪40年代的前三幕戏剧也从未改变。自它于1964年纽约世博会上首次面世以来，那段历史依然是那段历史，有所改变的只是负责反映现代科技、家电，以及女人、小孩和老人的角色变迁的最后一幕，而"文明演进之旋转木马"为此也做过很多次尝试。

"文明演进之旋转木马"能够持续为迪士尼世界神奇王国吸引大量游客的又一个理由，毫无疑问，是谢尔曼兄弟为它创作的经久不衰的主题曲。

There's a Great Big Beautiful Tomorrow

Richard and Robert Sherman

There's a Great Big Beautiful Tomorrow

Shining at the end of every day

There's a Great Big Beautiful Tomorrow

And tomorrow's just a dream away

Man has a dream

And that's the start

He follows his dream with mind and heart

And when it becomes a reality

It's a dream come true for you and me

So There's a Great Big Beautiful Tomorrow

Shining at the end of every day

There's a Great Big Beautiful Tomorrow

Just a dream away

这段歌词，一直以来都激励着我们勇敢追梦。凭借这首歌，两位创作者很好地诠释了"文明演进之旋转木马"项目的唯一主题。

高飞奖：埃克森馆与所有建筑商难题

在整个职业生涯中，我和迪士尼乐园的众多企业赞助商打了多年的交道，尤其是明日世界，以及1964年纽约世博会的展馆赞助商。凭借强大的财务支持，那些企业赞助商（迪士尼管它们叫"参与者"）拥有某个景点、表演或展馆是否展开相应工作的决定权。

在我的经验中，最难合作的参与者是埃克森公司，它是明日世界能源世界馆最早的赞助商。由于完全忽视这条戒律，所以他们毫无悬念地获得了这次的"高飞奖"。

迪士尼乐园的所有游客都是来这里找乐子的。他们希望所有景点、演出、展览和动画人物表演，都是迪士尼一手打造，是经过迪士尼公司认证的。这就是为什么所有指向赞助商景点的路牌，都把节目或景点的名字写在前面，后面再写上"由某某参与者倾情呈现"。它所表达的字面意思是："赞助商们呈现的是一场迪士尼表演，而且为此深感自豪。"而这也就是幻想工程师和迪士尼乐园运营者所遇到的麻烦。

1964年纽约世博会项目上和赞助商的合作，让我吃尽了苦头。为弄清福特公司的所有目标，我和约翰花了数周，专门前往密歇根州的迪尔伯恩市和罗密欧市、宾夕法尼亚州的费城以及加州的纽波特比奇市和帕洛阿尔托市，拜访了各个福特工厂。福特公司很快明白，通过一次只讲一个故事的手法，可以呈现出其20世纪60年代早期的全貌。对此我表示十分赞赏。最后，我们用综合、连贯的展示，呈现了福特公司作为一家历史底蕴深厚的国际企业，为更好的未来孜孜不倦研发新产品的形象。

后来，福特公司的一款产品，成为了纽约世博会开幕日的明星，那就是福特野马汽车。而福特展馆游客的情绪，则在迪士尼"魔法天路"（Disney Magic Skyway）上呼啸而过的那一刻达到高潮。他们乘坐着包括野马汽车在内的全尺寸福特敞篷车，花了8分钟游览了整个项目。

这就是我心目中与赞助商积极合作，取得成功的黄金标准。而另一个极端的例子，与这次"高飞奖"得主——埃克森公司有关。他们什么信息都想往项目里塞，到处都是营销式的夸张内容。如果接受埃克森公司的提议，我们就没法为游客展现一个像样的故事了。

最倒霉的幻想工程师是我的助手兰迪，他负责开发明日世界的脚本和景点。兰迪决定亲自为埃克森馆撰写剧本，但他很快发现，这个赞助商忽略了3条戒律：避免信息过载，了解你的受众，以及"一次只讲一个故事"。在和埃克森公司就项目方案达成一致前，兰迪创造了撰写备选脚本数量的新纪录，他写到第39个版本才最终通过。

世界上很多公司都明白，在迪士尼乐园里赞助节目和展馆时，合作双方扮演着怎样的角色，应承担什么样的责任。我个人珍藏着许多与伟大企业和CEO合作的回忆，比如卡夫公司的威廉姆·比尔斯，联合科技公司的哈里·格雷以及通用汽车公司的罗杰·史密斯。他们派来与迪士尼幻想工程合作的人都非常聪明，不会对迪士尼负责的部分横加干涉。然而，在与埃克森公司合作的过程中，他们派来的某些代表显然忘记了这些规矩。所以尽管现在他们和迪士尼的合作已经结束，但这次的"高飞奖"，是他们应得的。

戒律 8　避免复杂体验：保持设定和故事的一致性

随便从哪座城市现代化的大道上一路走下来，你就会意识到这条戒律的重要性。路上所有的东西都在抢夺你的注意力：建筑、标志、颜色、声音。"快看我！快过来！快来买我的东西！"

与之形成鲜明对比的，是所有迪士尼神奇王国的小镇大街。那里的市政厅，似乎在和城镇广场那头的歌剧院或戏剧院友好交谈。没有任何一栋建筑的颜色，会在周边环境下显得突兀。所有的图像和标志都有着整齐的规格。作为一名游客，你会知道自己身处何地，因为所有细节都在强化你的良好体验。哪怕是第一次来这里，迪士尼乐园也会让你和你的家人有种宾至如归的感觉。就如城镇广场的致辞碑上所言："这片快乐之地欢迎你的到来。"

我们无法让时光倒回 1890 年，但我们能够在设定故事的一致性上下工夫。去除那些与我们的承诺相悖的东西，确保无论昨天、今天还是明天，游客都能有宾至如归之感。

米奇奥斯卡：上海迪士尼乐园

丰富多彩、充满各种教训与成就的历史，仍然是迪士尼未来项目的序言。从来没有一个未来项目和上海迪士尼乐园一样意义重大，充满各种令人兴奋的可能性。

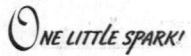

迪士尼幻想工程高级创意主管鲍勃·韦斯，是上海迪士尼项目的团队领导者。我曾问鲍勃："面对全然不同的中国文化，你打算怎样保持迪士尼传统的一致性？"

"我们从你身上学到了一点，"鲍勃说，"就是了解自己的受众。我们的首要任务，是尽可能地去了解我们这些美国人几乎一无所知的中国文化。所以在早期阶段，我们花了大量的时间游览和参观了中国各地的旅游景点、旅馆、博物馆和其他公共场所。我们还做了家庭调查，拜访普通的中国家庭，采访学校里的老师和学生等。

"然后，我们会把新迪士尼乐园的各种粗糙想法拼凑起来，照着迪士尼世界和迪士尼乐园的照片绘制草图，并针对所有年龄层的人群进行小组座谈，包括爷爷奶奶、爸爸妈妈，刚走上社会的年轻人、大学生和小朋友。他们可以任意批评我们的想法，我们也会认真听取。我们没有成立一个所谓的设计委员会，但我们会倾听哪些设计可能管用，哪些应该被抛弃。"

"比如西部乐园和边域世界，就没有一个人喜欢。"鲍勃解释，"火车一类的设计也不讨喜，而海盗又太消极太无聊。我们和旅游公司进行接触，邀请了一些学生到美国的迪士尼乐园游玩一番，然后谈谈他们的体验。

"我们还听取了合作伙伴们对各自家庭和社区的深刻见解，并让他们就城堡、餐饮和海盗提个人意见。如果他们不中意，我们就知道自己还有很多工作要做。"

"我们最大胆的决定，"鲍勃断言，"是邀请中国人加入我们的幻想工程团队，而不仅仅是作为顾问与我们合作。我想招聘一些中国幻想工程师，尽管我们的幻想工程师里还从来没有过中国人。于是我们引入中国的画师、作家和建筑师，专门打造了这样一个团队。我们从他们那里了解中国，他们则从我们身上了解迪士尼。他们当中的一些人至今仍是迪士尼的宝贵人才。无论是在中国还是世界其他地方，他们都能成为伟大的幻想工程师。"

鲍勃进一步解释："我们上海项目团队中，绝大多数都是中国人。他们负责设计景点目录、零售产品、运营风格以及颜色等所有影响人们对上海迪士尼乐园感观的东西。所有的脚本都是由中文母语者创作。

"是的，创作，而不是翻译。各个景点的项目承包商都来自中国，所以我们可以直接和中国的艺术家、雕刻家和画师接触，进行观念上和技术上的交流。我们的执行主管是地道的上海人。我们专门请了中国最有名的排版艺术家在入口的大门罩上写上汉字。虽然大门罩上仍然保留着英文，但主要突出的是中文。这真是一次非常独特又令人兴奋的文化融合。"

"我们的目标是打造一家经典的迪士尼乐园，"鲍勃强调，"但又要加入明显的中国风元素。为此，我们的中国员工及幻想工程师付出了艰辛的汗水。上海迪士尼乐园不会和东京、香港或巴黎的迪士尼乐园雷同，它将拥有自己的独特之感。我们甚至用上了双语标牌，这是有史以来第一次"。

当然，只有等上海迪士尼乐园正式开园，迎接数百万翘首企盼的来自中国及亚洲其他地区的游客那天，我们才能下最后定论。但上海迪士尼乐园的先行计划，以及鲍勃和幻想工程师的设计，已经当之无愧地成为迪士尼竖起的新标杆。

高飞奖：梦幻馆——一次时间旅行

我们和东方土地公司就东京迪士尼乐园项目进行最早接触的时间

是在 20 世纪 70 年代末，而东京迪士尼乐园的开园时间则是在 1983 年 4 月。当时，东方土地公司的人就我们的日本项目发出警示："不要将我们日本化！"

这句话是什么意思呢？后来我们弄明白了，日本人是个相对低微、同质性较高的群体。当时全国大概只有 9 000 万人口。不要尝试向日本人展示日本风情。日本人到迪士尼乐园来，就是想体验原汁原味的迪士尼和美国。

真是遗憾，我们的法国合伙人没有出席那些会议。我们和法国政府的磋商结果，是为欧洲迪士尼乐园（非法国迪士尼乐园）创建一个特别节目。"法国万岁！"某些人为此欢呼。他们强烈地认为，人们到欧洲迪士尼乐园，一定想要看到一个专门展示法国历史和文明的景点。

那个景点的名字，就叫"时间守护者"，或"梦幻馆：一次时光旅行"。它坐落在发现乐园里最独特、繁华的地段，具备一切必备的成功要素。发现乐园相当于一个儒勒·凡尔纳①版的明日世界，它的设计理念，是向欧洲历史上的理想主义者及其对未来的设想致敬。那里有太空山、"鹦鹉螺"号潜艇，还有优雅翱翔的太空飞碟，这些都强化了它的梦幻主题。然而在 2006 年，梦幻馆却被"巴斯光年星际历险"取代，它是美国迪士尼乐园"巴斯光年太空漫游"项目和东京迪士尼乐园"巴斯光年'银河'号太空船"项目的法国版。

到底是哪个环节出了问题？问题之一，是巴黎迪士尼乐园游客身上的欧洲文化多样性。不同于拥有高同质性人口的日本，巴黎迪士尼

---

① 19 世纪法国著名作家，创作了大量优秀的文学作品，是现代科幻小说的重要开创者之一。代表作有《海底两万里》《格兰特船长的儿女》《地心游记》《八十天环游地球》等，其中《格兰特船长的儿女》、《海底两万里》和《神秘岛》被称为凡尔纳三部曲。他以其大量著作和突出贡献，被誉为"科幻小说之父"。由于凡尔纳知识非常丰富，他小说作品的著述、描写多有科学根据，所以当时他在小说中的幻想，如今成为了有趣的预言。——译者注

乐园的游客堪称欧洲大杂烩。尽管游客的主流群体是法国人，但同时也还有大量的来自英国、西班牙、德国、意大利以及北欧和东欧的游客。世界上有欧盟，可是并没有所谓的欧洲统一体。

米基·斯坦伯格在迪士尼幻想工程与我搭档5年后于1994年离开了迪士尼，之后主要在我们公司周边做一些行政、财务和项目管理工作。早期巴黎迪士尼乐园取得的成功主要都归功于他。在他加入迪士尼之前和离开迪士尼之后，米基都在美国、中国和欧洲，为亚特兰大建筑师约翰·波特曼的项目负责工程和建筑项目的开发工作，因此他积累了广泛的国际经验。米基告诫人们，和不同文化打交道时，一定要小心：

"你应该进行大量的研究调查，并仔细判断设计师的设计理念能在多大程度上迎合当地文化；同时又要提高警惕，绝对不要冒犯游客的文化敏感性。"米基说，"在负责类似迪士尼的人物和品牌时要尤其注意。你必须关注当地游客能不能理解他们，会不会喜爱他们，还是感觉自己受到了他们的冒犯等各种反应。接下来，你还要考虑自己是否要大量采用英文。如果判断失误，你就很可能面临全盘失败。你必须真正理解对自己而言完全陌生的受众。那是一项极其重要，也极其艰难的任务。"

"在日本，"幻想工程师创意主管丹尼尔·朱说，"我们试图为每个景点都打上本土化烙印。这不是简单的翻译问题，"他解释，"而是对节目和景点进行精心调整，以保证游客可以完全理解它们，并从中获得最大的乐趣。"打上本土化烙印后，产生矛盾、误解甚至冒犯当地文化的几率就大大降低了。

"功课要做足，"创意领导和演出剧本作家凯文·拉弗蒂说，"讲好故事就是讲好故事，绝对不是装腔作势。" 凯文指出，在巴黎迪士尼乐园的新美食总动员景点，当一个角色用法语说了一句话后，另外一个角色将用英语重复同样的意思。角色 A 用法语说："走这边！"角色 B 就会用英语回答："好的，我们走这边！"

在梦幻馆，我们忽略了一点：我们呈现的东西，观众未必能完全理解。这一点在充满活力和多样性的欧洲文化中尤其值得注意。世界上并不存在一种普遍的理解力或一致性。在这种情况下，矛盾的产生恐怕在所难免，因而相应的景点或节目就难以取得成功了。

戒律 9　一分教育要携带十分快乐

犹记得朱莉·安德鲁斯[①]在歌曲 *Mary Poppins* 里唱道："A spoonful of sugar makes the medicine go down."荣获艾美奖的歌曲创作者谢尔曼兄弟准确地捕捉到了娱乐业的精髓。如华特所说："我们可以为教育贡献力量。但在迪士尼乐园，我们不会进行直接的知识灌输，而是让你自己去发现，并在各种冒险中，在听觉和视觉享受中，兴致勃勃地进行学习。最重要的是，我们将竭尽所能，把学习过程变得更有趣。"

当首家迪士尼乐园于 1955 年开园时，华特用了类似"月球之旅"的景点来证明，学习也可以很有趣。他邀请了包括冯·布劳恩[①]在内的一些空间科学家，与迪士尼的画师及作家进行合作，营造出逼真的

---

① Dame Julie Andrews，英国女演员、歌手和作家。她曾获奥斯卡金像奖、英国电影学院奖、艾美奖、金球奖、格莱美奖、美国演员工会奖、全美民选奖和世界戏剧奖。代表作有《欢乐满人间》和《音乐之声》。——译者注

① Wernher von Braun，德裔火箭专家，二十世纪航天事业的先驱之一。曾是著名的 V1 和 V2 火箭的总设计师。纳粹德国战败后，美国将他和他的设计小组带到美国，任美国国家航空航天局的空间研究开发项目的主设计师，主持设计了阿波罗 4 号的运载火箭土星 5 号，并在 1969 年 7 月首次实现人类登上月球的壮举。——译者注

空间旅行和月球着陆体验。后来，他又和林肯先生合作，在1964年纽约世博会上推出了《伟大时刻》，该节目随后被搬到了迪士尼乐园歌剧院。当迪士尼世界于1971年面世时，幻想工程师完整地呈现了华特设想的总统大厅，在那里，美国的卓越伟人们为美国公民回首过去、启迪未来，点燃他们的爱国热情。

我相信，当游客在迪士尼乐园里见到上述景点时，一定会自然而然地认为，它和"加勒比海盗"或"幽灵鬼屋"一样，是迪士尼诸多游乐体验中的一员。无形之中，华特已经把教育变成了迪士尼乐园体验中不可分割的一部分。谁能忘记在 *It's a Small World* 中，世界各国的孩子齐声唱的那句"There is just one moon and one golden sun.and a smile means friendship to everyone"？

迪士尼乐园的游客将那些富有教育意义的景点当成了真正的乐趣体验，而这也将成为迪士尼明日世界项目发展背景的重要组成部分。幻想工程师在接到各自的任务后，都会进行刻苦研究。世界上还有很多精彩的故事可以讲，包括环境变迁、深海探索或粮食研发等。而我们要做的，就是谨遵歌曲 *Mary Poppins* 中的教诲："A spoonful of sugar makes the medicine go down."

米奇奥斯卡：小小世界

《敢想！敢做！》出版后，当我在公共场合发表演讲时，都会有人问："你最喜欢的迪士尼景点是哪个？"每一次，我都想过给出其他答案，比如"加勒比海盗"或"太空山"。但最后，我总是回答："There is just one moon and one golden sun.and a smile means friendship to everyone."当每年数百万的游客乘着独木舟在小河里顺流而下，与全世界儿童欢声笑语，我们难道还能用更好的方式向他们阐述亲子

的重要性吗？当世界各地的儿童穿着各国的独特服饰，欢乐地唱着"There's so much that we share.That it's time we're aware.It's a Small World after all"时，我们可以从中领悟太多。

在领导幻想工程师之前，职业生涯中令我最自豪的特权之一，就是为华特起草各种材料信函，也就是当他的代笔人。尽管我职业生涯的大部分时间都献给了迪士尼幻想工程，带领诸多创意故事讲述人和设计师求索前行逾30年，但我从未忘记自己作家的身份。

在迪士尼乐园正式开园前1个月，也就是1955年6月，我就受聘创建了迪士尼自己的报纸——《迪士尼新闻》，这份报纸在小镇大街上卖10美分一份；我还写过十多份业务陈述，向赞助商、媒体和公众推销新项目；最后，我老早就记不清，自己为关于迪士尼乐园的书写过多少篇序言了。

回顾自己半个世纪以来写过的所有文章，其中最让我感到荣幸与自豪的，是以华特的名义发表过或进行演说的那些。其中包括我为他撰写的20世纪60年代所有的公司年度报告，迪士尼乐园早期的纪念册致辞，1965年11月在奥兰多新闻发布会上宣布迪士尼世界项目启动时的业务陈述演讲稿，以及华特最后一部现身于迪士尼电影的脚本。当时是1966年10月底，他在电影里向全世界介绍了佛罗里达项目和明日世界的原始概念。不久之后，华特便驾鹤西去，他终究没能等到那部电影公映的那天。

以华特的名义，将自己的文章发表到出版物、电影或电视新闻中，对一名作家来说是非常宝贵的经历。第一次为华特代笔时，我只有20多岁。而我为那部介绍明日世界的电影撰写脚本时，也才刚过而立之年。华特总是对我照顾有加。至今我仍保留着在华特办公室两次讨论那部电影时所做的7页笔记，上面记录着他想强调和传达的要点。

学习如何遣词造句，传达20世纪最伟大的创意故事讲述人及企业家的理念，这样的经历让我受益终身。我看过一本名叫《人生箴言》的书，该书的出版时间为20世纪40年代。书上有专门的一两页，记录着不同行业的领导者中自己的人生经历总结出的励志名言。华特的名字也出现在那本书中，他号召人们"冒险一试"。这句话不仅体现了他的冒险哲学，而且它的确表现出了我所熟悉的华特的口吻。我很喜欢自己在电影脚本、出版物和演讲稿中对华特语言风格的模仿。华特为幻想工程设计的1964年纽约世博会福特馆"魔法天路"录制的旁白，也是出自我的笔下。

后来，我接到了一项特别任务：为1964年纽约世博会上首次亮相的"小小世界"撰写《完全纪念手册》和《幕后故事》。是它让我又回到了职业生涯的起点。我再次以华特的名义，为那两本册子写了引言，当中朴素简洁而又意味深长的措辞，至今仍是我的得意之作：

所有来到这片快乐之地的人，欢迎你们！

刻在碑上的这句致辞，象征着加州阿纳海姆迪士尼乐园神奇王国温暖、友爱的精神。

现在，在此次纽约世博会上，我们又打造了另外一个"神奇王国"。无论从主题还是从氛围上，我们都努力把这个新"王国"，打造成世界上最快乐的地方——一个为全世界儿童而生的神奇王国。

我们将其命名为"小小世界"。参与此项目建设的全体人员，祝您和您的家人，在小小世界里留下最美好的回忆！

所有来到这片快乐之地的人，欢迎你们！

华特·迪士尼

华特在"小小世界"中展现的"寓教于乐"堪称世之典范,这个景点在"寓教"的同时也为游客带来了十二分的快乐。在 50 多年后的今天,华特制定的,在美妙亲子娱乐中的教学计划仍然激励着所有年龄段的游客。正如谢尔曼兄弟在歌曲 It's a Small World 里写道:"Though the mountains divide.And the oceans are wide.It's a Small World after all."

高飞奖:拆除未来之屋

从视觉素养的角度出发,"未来之屋"完全不比明日世界差。它甚至一直启迪着后来的幻想工程师。

"1966 年,当我第一次来到迪士尼乐园时,我还是个啥也不懂的小屁孩。当时的我还完全不知道,亲眼见到明日世界'未来之屋'的那一刻将影响我的一生。多年后,在它的鼓励下,我走上了建筑师职业之路。"幻想工程建筑设计工作室的设计师奥斯卡·科博二世回忆,"'未来之屋'唤醒了我对建筑改变人类生活的想象。原本就热爱艺术、绘画、物理和数学的我,自然而然地选择了建筑师这个职业,以将所爱的一切更好地融入自己的工作生活中。"

查尔斯·托马斯是伟大的科学家、化学家,也是孟山都公司[①]的董事长。华特与他之间相互尊重,相互敬仰的友谊,为早期的迪士尼乐园明日世界带来了 3 个非常重要的景点。首先是化学展馆的"孟山都大厅";其次是"未来之屋";最后还有"内部空间大冒险"。自其于 1967 年首次面世到 1985 年被"星际旅行"取代,"内部空间大冒险"

---

① Monsanto Company,跨国农业公司,成立于 1901 年,经历了一百多年的发展,目前已成为世界第一大种子公司,致力于通过不同的农田解决方案来满足不断增长的世界人口对于食物和营养的需求。其生产的旗舰产品 Roundup 是全球知名的草甘膦除草剂。该公司目前也是转基因种子的领先生产商,总部设于美国密苏里州圣路易斯市。——译者注

一直以来都是迪士尼乐园里最成功的骑乘项目之一，尤其受青少年的欢迎。

全塑的"未来之屋"，轻而易举地成为了明日世界里最具未来感的建筑。它坐落在底部的高台上，四翼从中心点向外悬空伸出，是孟山都公司、马萨诸塞州科技研究所和迪士尼幻想工程共同努力的成果。它首次面世于1957年，并在10年后被拆除。

"未来之屋"的主要目的，是向人们展示塑料在建筑结构和家庭内部结构中的作用。人们可以通过它一睹1986年"未来"家庭的风采，见识未来的家用电器，包括微波炉、超声波洗碗机、"寒冷区"（以取代冰箱和冰柜），以及可调节光线的顶灯。总之，那时候的"未来之屋"带给人一种《杰森一家》①里的感觉。

---

① Jetsons，这部半小时的家庭动画喜剧用另一个时空背景来反映当时美国文化和生活方式。杰森一家居住在一个充满了各种奇妙精细的机器人装置、外星人、全息图以及各种异想天开的小发明的未来世界。——译者注

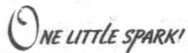

早期的迪士尼乐园里有许多值得纪念的东西。比如最初的卡通角色服装，它们是迪士尼从白雪溜冰团借来的，并获得专门授权，穿在了米奇和米妮等卡通人物身上；还有小镇大街上的好莱坞 - 马克斯韦尔胸罩商店（就在外婆母婴商店隔壁），店内出售各种"贴身内衣、胸罩和肚兜"，还举办"魔术胸罩"展；以及由美国克瑞公司赞助的明日世界未来浴室。那些五花八门的项目都已随着时间的推移而被世界遗忘，但"未来之屋"仍能让人在想起它的时候会心一笑。

直至今天，迪士尼乐园还在继续移除"未来之屋"留下的残迹，这项工程一直在进行中。而"未来之屋"的拆除过程，也增强了它的传奇色彩，因为施工人员发现，他们根本无法用落锤破碎机来摧毁它的塑料墙体。为拆除那栋由增强聚酯建成的房子，他们不得不用上链锯和焊割炬。"未来之屋"的混凝土地基仍在，它成为了明日世界入口左侧风景区的一部分。"华特是一名梦想家和实干家，"布莱伯利写道，"我们在谈论未来的时候，只有他在建造未来。他通过迪士尼乐园，让我们学到了很多关于街道规划、人群移动、舒适和人性的知识，而这将影响后来的无数建筑师、工程师和城市规划师。"

戒律 10　高级体验离不开高效维护

作为父母，我们是孩子的榜样。作为迪士尼乐园的主人，我们是全世界数百万儿童及成人的榜样。

我曾观察过迪士尼乐园里的游客，他们手里拿着垃圾，四处寻找最近的垃圾桶。也许在迪士尼乐园之外，他们就不会那样费心，而是把垃圾直接丢到路边。但迪士尼乐园是如此的干净，而所有人都清楚那些一尘不染的人行道和街道绝非出于偶然。任何游客都不会想破坏主人的规矩。于是，作为父母，他们会主动寻找最近的垃圾桶，因为他们不希望给自己的孩子树立起坏的榜样。

在迪士尼，真正令我们操碎心的，是每时每刻都要处理的，与维持乐园正常运营相关的成千上万桩事务。如果我们坐下来，列一张必须在游客游玩期间保持完美运作的事项清单，包括空调系统、电梯、安全带、刹车、音响系统以及残障人士特殊待遇等数千项，那恐怕要耗费整个假期的时间。但这些事项，早就被迪士尼乐园或度假区的维护人员的电脑自动化了，因为他们的确有责任确保迪士尼乐园里的一切完美运作。

其中的基本原理是：当运作过程出错，游客的体验就会受到负面影响。低效率的维护，将带来低劣的景点。而在迪士尼体验中，低劣的景点是不被接受的。

迪士尼乐园或度假区的一切必须完美运作。这不是为了我们，而是为了您和您的家人。

米奇奥斯卡：美国馆维护团队

在思考这次米奇奥斯卡奖的候选人时，我发现了很久以前的一段采访录像。当时，我在迪士尼频道上讲到了自己最喜爱的景点：明日世界的美国馆。

或许是因录像里的抒情讲述（我素来钦佩演员劳埃德·布里奇斯讲话的韵律，且他亦恰如其分地称美国馆为"迪士尼最具野性的创作"），或许是想起了迪士尼幻想工程师们6年来为它呕心沥血的付出，人们很容易将美国馆的成功，归功于背后的故事创造团队和工程团队。稍后我会谈到他们，因为他们的确取得了伟大的成就。

但我的注意力，却是被令人难以置信的明日世界维护人员牢牢吸

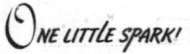

引了。在他们的精心打理下，一个复杂程度可媲美任何百老汇演出的展馆，在超过 30 年的时间里，一直都和它于 1982 年 10 月第一次正式亮相时一样崭新。

以下是他们每天需要面对的挑战，虽然实际工作量远不止这些：

◆ 确保 35 个发声机械动画人偶 24 小时完美演出，包括他们的动作、服装，以及在每个场景的准确位置。

◆ 确保场景转换装置，即一个 20 米 ×10 米 ×4 米，重约 159 吨的铁家伙，在每次演出进行时，都处于精确的位置。该场景转换装置由 20 多台电脑控制，负责将舞台布景平移到正确位置。舞台布景则通过伸缩式液压支架，上升到观众的视野当中。7 个单独的升降梯，负责移动 13 重布景和 35 个栩栩如生的"演员"。场景转换装置足有一个货车车厢那么长，且是它的两倍宽。

◆ 确保 8.5 米高 47 米长的背投屏幕准确对焦。该背投屏幕投入使用时，是世界上最大的投影屏幕。上面投影的 70 毫米电影胶片长度超过 914 米。

节目导演里克·罗斯柴尔德说："它是迪士尼乐园有史以来最复杂的'戏剧'，舞台上也是第一次出现如此多的发声机械动画人偶。"但是，还缺一样东西，那就是根本没有舞台。尽管观众席上的 1 024 双眼睛看不到，但所有"演员"都是由一个个小平台支撑，平台四周则是开阔的空间，里面布满了线路和管道。另外，它还少了一样舞台标配：尽管它有专门用于存储额外服装的衣帽间，但并没有更衣室。而在超过 30 年的时间里，那些发声机械动画演员，从未因此抱怨过。

即使是在 30 多年后的今天，这套复杂系统取得的成就依然令人惊叹，尤其是在你看到类似美国馆工程师史蒂夫·奥尔康的评论后。"开始设计美国馆的控制系统时，"史蒂夫说，"为了让观众获得流畅的观赏体验，我们认为升降机应该安装在一个转盘上，而不是托架上。然而，一切都已在建设当中了。"

作为导演，美国馆的节目是里克在迪士尼乐园的处女作，他后来还接手负责《星际之旅》《EO 船长》和《飞越》等多个节目，并取得了巨大的成就。他从不吝惜将各种赞美之词送给美国馆的创作团队，其中包括作家、制作人，明日世界景点开发领导人之一兰迪·布莱特，艺术导演、布景设计师、获得 9 次奥斯卡提名奖，并于 1949 年凭借史诗电影《霸王妖姬》(*Samson and Delilah*) 荣获艾美奖的沃尔特·泰勒，以及与兰迪·布莱特携手创作优美的歌曲 *Golden Dreams* 的鲍勃·莫里内。

所以，我在考虑这次米奇奥斯卡奖的候选人时，很快就想到了明日世界的这个特别景点。每次造访明日世界时，我总是忍不住先到美国馆看看，因为我太爱这令人难以置信的迪士尼体验了，这简直令我无法自拔。

高飞奖：2000 年初的迪士尼乐园

1967 年 9 月，迪士尼幻想工程设计主管理查德·欧文邀请我编纂一本关于华特的小册子。当时华特去世将近一年，理查德的目的，是为了对华特倾注于迪士尼乐园的思想和哲学进行总结，并阐述其对我们正在紧张建设的迪士尼世界的构思。

在"背景与哲学"部分，"华特论迪士尼乐园"一章中，我总共引用了 27 句华特谈论迪士尼乐园的话。其中两条如下：

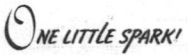

关于"把事情做好"

每个人都认为迪士尼乐园是一座金矿,但其中的麻烦只有我们自己知道。我们必须保证一切顺利运转。甚至保证它的清洁,也需要一笔极大的开支。而那些搞财务的家伙总是会说:"华特,如果砍掉一部分维护预算,我们就能省下一大笔钱。"鬼才信这种话,迪士尼乐园必须保持100%的整洁状态。

论"始终维持景点运转"

"经营迪士尼乐园这样的大型组织,必须让它保持热度和惯性,不能让它冷却下来。这就是我所谓的'始终维持景点运转'。永远要小心管理,不能让它放任自流。不仅是要想办法增加新景点,更要维护好现有的设施。我们永恒不变的准则是:永远不要让员工游手好闲;永远别让他们粗鲁待人。而我和我的哥哥一直以身作则,这条规矩,将深深扎根在我们的企业中。"

当我的思绪回到最初的迪士尼乐园,也就是绝大多数与本条戒律相关的标准得以建立的时期,几幅画面就会立刻浮现在我的脑海中。第一幅画面,是时任 WED 公司 CEO 的比尔·科特雷尔的桌上放着一张 10 厘米 ×20 厘米的手写告示,上面用墨水钢笔写着某迪士尼乐园外租店铺的抛售事宜。比尔立即带着两个问题前往华特的办公室:首先,迪士尼乐园里没有"抛售"一说;其次,迪士尼乐园希望向游客传达任何信息时,绝对不可以用手写的方式。迪士尼的人应该提前思考,然后用充足的时间来打印一张设计精美的告示,再将信息传递给游客。

那张告示牌引发高层的一系列举措。作为迪士尼乐园的设计者，以及优质品味和设计标准的制定者，WED公司的领导在华特本人的支持下，发布了一条法令：迪士尼乐园中不许张贴手写告示，不许发布抛售告示。那是60年前的事情了，在迪士尼乐园和度假区中，从未有人质疑过此法令的严肃性。

我脑海中浮现的第二个画面，是一名叫特立尼达的街道清洁工，他是迪士尼乐园的早期员工，人送外号"白翼"。"白翼"一词，是20世纪早期人们对清洁工的称呼，因为那时候，他们总是穿着白色的制服。特立尼达的主要职责，是跟在小镇大街来来往往的马匹后面清理街道。他在迪士尼乐园的小镇大街上娴熟地挥舞着手中的扫帚和铲子，仿佛穿越到了从前的年代。

一天，在一场欢乐游行开始前，他正在大街上施展自己的清洁魔法。他突然发现，道路两旁对游行队伍翘首企盼的人群，此时此刻正齐刷刷地盯着自己。从那一刻开始，他意识到其实自己是个演员，真正的舞台演员。世界上还从未有人带着如此的热情，享受着如此的派头表演过这个角色，而特立尼达是美国迪士尼乐园小镇大街上真正的明星。

关键在于：哪怕是这种最平凡的工作，也需要有炉火纯青的技艺与高涨的热情，才能在工作中达到迪士尼清洁、友好和安全的标准。就算你在迪士尼乐园里担任着这样一个角色，你也要使出浑身解数，带着派头和热情，每时每刻都做好本职工作。

然而在21世纪初，迪士尼乐园竟然落在了这些标准的后面。我在《敢想！敢做！》中详细阐述了当时的管理如何导致了迪士尼乐园环境的恶化：到处都是剥落的涂鸦，朽败的木桩，甚至连安全问题也令人感到遗憾。在2005年，迪士尼乐园50周年庆之际，这些问题全都涌了出来，同时也终于引起了管理者的特别关注。

　　位于伯班克市的"迪士尼大学"培训中心前主管道格·李普，在其著作《迪士尼大学》（*Disney U*）中引用了一句华特的话："我们要不断优化自己的表演和景点。一旦失去任何一名游客，我们就要花10年才能把他请回来。"

　　华特说得没错。幸运的是，迪士尼乐园的新任领导者们终于认识到问题的严重性，下定决心扭转局面。迪士尼乐园50周年庆将对它的未来产生重要影响，而且不只是华特所说的10年，而是接下去的半个世纪。周年庆带给游客什么样的体验，包括迪士尼乐园本身和最基本的安全问题，将为我们未来数年的境况定下基调。也就是说，如果我们为游客带去了美妙的体验，那么它将在一定程度上改善人们在可预见的未来对迪士尼乐园的态度。

　　迪士尼乐园度假胜地的新管理团队奋起迎战，主动出击。2005年7月17日前，迪士尼乐园台前幕后的工作人员都在为50周年庆典这件头等大事忙得不亦乐乎。庆典正式拉开帷幕的那天，迪士尼乐园露出了多年来最灿烂的笑容。经过一年的努力，它又回到了历史最高水准，重新赢回人们数十年以来对它的尊重。

　　21世纪初的那段时期，显然是迪士尼乐园的历史低谷。这是不正常的，因为它违背了自己一贯以来的所有标准。就"维护！保持！"这条戒律而言，那几年的异常状态，理应得到这次的"高飞奖"。

"米奇十诫" ONE LITTLE SPARK!

　　我已经能听到人们愤怒的抗议了。"你怎能漏掉香港的'迷离大宅'？怎能忽略丹尼·叶夫曼为之所配的令人毛骨悚然的音乐？还有迪士尼乐园的'夺宝奇兵大冒险'呢？虽然要排很久的队，但里面的越野汽车模拟器真是帅到没朋友！还有巴黎迪士尼乐园的'美食总动员'呢？通过一只小老鼠的眼睛去观察夜色霓虹中的都市，让人沉浸到这部皮克斯动画大片的虚拟现实中，这种体验真是独一无二！还有迪士尼游轮呢？如果要评什么'米奇奥斯卡奖'，那么迪士尼'梦想'号游轮和迪士尼'幻想'号游轮，简直就是梦幻变成的现实！"

　　是的，说的这些都没错。在过去的 60 年里，全世界的幻想工程师在设计和建设项目上创造了太多奇迹。"米奇奥斯卡奖"的提名名单应该被无限延长。

　　事实上，我连自己最喜爱的景点都没提到，它就是泛舟横穿大地馆生活实验室的"与陆共生"之旅。你坐在小船上，随着水流缓缓而下，沿岸满是莴苣、番茄等充满异域情调的蔬果，它们来自世界的各个角落，在可控农业环境的培育下安静生长。倘若前往大地馆的烧烤花园餐厅，你就能吃到那些大自然的美味。放到任何娱乐性公园中，它都是独一无二的景点。在迪士尼，它也绝对独树一帜！

　　在做选择的时候，我想起有一次，华特批评赫布为一处新景点画的概念图。"好吧，如果你不喜欢它，"伟大的画师赫布说，"那告诉我你想要我画什么。"华特回答:"你就画别人会喜欢的!"

碰巧,我所选择的,我都喜欢。

第3章

如何成为一名幻想工程师

如今备受崇敬的幻想工程师多年前可能只是迪士尼餐厅里刷碗的，或是乐园里开单轨小火车的。迪士尼把怀揣幻想工程梦的新员工放到底层用意何在？每年都有部分大学生通过"幻想国"大赛进入幻想工程部，这到底是怎样一场比赛？赛前应作何准备？

"你想要成为一名幻想工程师吗？"艾尔弗雷多·阿亚拉写道。他是一名拥有 20 年资历的幻想工程师。他曾告诉我，5 年级那年，他在学校图书馆里发现了一本书后，就立志成为一名幻想工程师。现在，作为研发部门的项目团队创新技术方案负责人，阿尔弗雷多再次提出这个问题，并阐述了他的答案：

> 首先，到底什么是幻想工程师？对我而言，它是一份艺术与科学和谐共存，并由故事驱动创意的职业。在今天这个时代，父母总是鼓励自己的孩子成为一名工程师、律师或医生，而和艺术沾边的创造性职业却不受待见。作为父母，他们总是觉得那种职业风险太大。所以，如果你想要反抗传统观念，并且从事一份可以让你发挥无限想象力的工作，那么，你就拥有一颗幻想工程之心！

我读过许多与知名企业面试和招聘策略相关的书。书中大都会教人如何解读一份简历，如何在不同候选人中进行抉择。但对我来说，如果你直接跑到迪士尼幻想工程部来面试，我才不会看你究竟毕业于

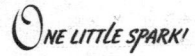

哈佛、麻省理工还是加州艺术学院；不看你的绩点，不看你的班级排名；也不看你的出身，不看你父母的职业。最重要的是你本人，在于你的头脑和你的内心。

如果你回答"是的，我愿意"，而我又能看穿你的想法，看到你发自内心的激情与渴望，那么你就能加入我们的团队，成为下一位幻想工程师。

我已经把"米奇十诫"基本的哲学理论教给了你，现在，是时候踏上幻想工程之路了。我希望，这条路是关于我们的，而不仅是关于我。记住本尼斯教授的醒世箴言："我们每个人，都没有我们所有人聪明。"

我需要尽可能多的幻想工程师跟我一起，开辟这条关于"我们"的道路。因此，我将这封邮件发给了约100名幻想工程师，他们是最能代表幻想工程团队的一个群体。这其中有仍在职的，也有已经离职的；有技术型大咖，也有艺术型天才；有从名牌大学毕业的，也有自学成才的；有出生在离迪士尼幻想工程总部1.6公里的格兰岱尔市的，也有来自遥远的地球另一边的……

关于第二本书的初步调查

马蒂·斯克拉

时间：2014年夏天

背景：我又要写书了！现在刚开始！

为什么：我喜欢在图书签售会上和迪士尼粉丝互动，而且第一本书的成绩还不错：在芝加哥签了700本，在新泽西海洋县签了300本,在老萨克拉门托一天内卖了500本。

甚至在迪士尼乐园、迪士尼世界、迪士尼家族博物馆和史格博博物馆等地方也受到热烈追捧。看起来，人们似乎总渴望知道更多的故事。还有数不清的孩子，他们长大后也想成为和你们一样的幻想工程师！

是什么：我不是来跟你们索要故事的，我自己就很擅长编故事。我想从你们那里得到的，是你们的相关意见和关于你们自己的信息！

大胆设想：我的目标是以你们的想法为基础，编纂一本扩展版的《卖创意》。书里可能会讲到你们是如何成为迪士尼幻想工程师的，以及对那些希望成为幻想工程师的年轻人有什么职业和人生方面的建议。

马蒂的请求：我希望你能为那些想要投身你的行业的年轻人，简单地写几句、几段甚至一页建议。这是一次帮助年轻人，甚至改变他们未来的机会。我不能保证会采用你所写的每一个字，但我一定不会把它删得像是不懂英文的人写出来的！另外，如果你希望我在书中如何介绍你，比如职业、称号、工作表述等，敬请告知。

我的计划：关于手稿，不敢做任何保证。但计划在秋天。

截止日期：请于9月1日前给我回邮件吧！

关于第一本书《敢想！敢做!》：反响不错，谢谢诸位的鼎力支持！它在美国即将出第二版，而日文版和中文版也将相继上市。

致谢：感谢你们一直以来给全世界迪士尼粉丝带来的欢乐。我想，此次项目是一种"归还"，世界上有无数人正对本书充满期待。

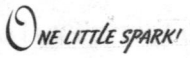

他们的反应让我激动不已。截止日到期前，从上海到巴黎，我总共收到 70 封邮件回复，而这些邮件构成了本书的后半部分。事实上，你已经读到了他们的一些建议。地图上的所有关键词，都来自那些回复邮件。

我希望你能仔细阅读这些幻想工程师自述的奋斗史，它可以让你知道一些背景、想法、方法和建议，帮助你向梦想更进一步。

而我就像马戏团里的演出指挥，手下带着一批伟大的演员。在迪士尼待了半个世纪，我知道如何激发演员表现得最出色，确保我们的工作没有偏离主线。最重要的是，我能调用所有的演员，他们是来自迪士尼 140 多个科目中的佼佼者。任何时候，当我们需要为迪士尼乐园或迪士尼度假区创造新的东西时，我就会把他们召集起来。

为呼应"米奇十诫"的主题，我把他们的回复分成了 10 个类别。这些幻想工程师认为，以下关键词对他们未来的队友而言非常重要。虽然我还可以列出更多，但这 10 条，我强烈推荐想要成为幻想工程师的你好好学习、理解，并付诸实践。所有关键词，都将由在职或已离职的迪士尼幻想工程师进行简单而真诚地阐述。

故事永远是一切的起点

面对一家迪士尼乐园，我们总会问自己：这个故事可重复吗？如果要把这个故事带到全世界，我们可以用视觉元素来表现它吗？而里面的幽默元素，能跨越文化障碍吗？最重要的一点是我们要关注细节。在迪士尼乐园,我们不仅通过声音,而且利用每个视觉元素来"讲故事"。我想从乔·赫林顿的回复开始，因为他的话很好地概述了我希望本书读者明白的东西。

一开始，我以声音设计师的身份参与明日世界项目，也是自那时起，我再未缺席过迪士尼任何一个重大项目。现在，我的职位是首席音频媒体设计师。

到今年年底，我将度过自己在幻想工程的第 34 个缤纷岁月。那是与神奇科技成就为伴的 34 年，我亲眼目睹了科技在代际之间的变迁。

对世界上大多数人而言，只有当别人研发出某种科技，他们才能享受到那种科技带来的便利。一般来说，他们很难记清那种科技究竟是从什么时候开始进入自己的日常生活的。但作为幻想工程师，作为故事讲述大师，我们必须像老练的马术师驾驭烈马一样，娴熟掌握最前沿的科技。

我生于得克萨斯州休斯敦市，但很快我们就搬到了得克萨斯州西部的大草原上。作为男生，我热爱科技，而我的父母又是传统的西部小说家，所以我和自己现在的这份工作简直是天作之合。

我在敖德萨学院和圣迭戈州立大学完成了最后学业，原本我以为自己会成为一名天文学老师，或至少是教授某一门自然科学。但出于对科技的热爱，我进入了广播电视行业，继而搞起了电影和音频。我在幻想工程部门主要负责高科技音频产品，但在内心深处，我认为自己首先是一个讲故事的人。

从这么多年的工作中挑一个最喜欢的出来不是一件容易的事，但其中确实有些项目让我们有与众不同经历。在这些项目中，我们可能为了讲好某个故事屡次突破技术极限，比如加州冒险乐园的汽车总动员乐园。凯文·拉弗蒂

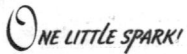

与我因为那个项目结下了深厚的友谊。为了讲好那个故事，我们确实付出了很多。

虽然那时候已经掌握大量的新技术，但我们从未本末倒置，令原本简单的故事变得复杂。所以，我们的游客很难注意到"水箱温泉镇"背后的未来科技，他们只是在尽情地享受那个故事带来的美妙体验；

再比如迪士尼乐园里的"夺宝奇兵"，其中有一部声音和骑乘感觉都极力模仿越野车的载具。它的每次移动，颠簸和转弯都必须非常逼真，并配以完美的音效。然而，当时根本没有任何可利用的科技手段，所以我们自己自主研发了一项全新的技术。后来我用那种新技术写了一些旋律，创作了一条音轨，并形成音频。在每个新景点的建造过程中，我们都往自己的故事讲述工具箱里添加新工具。但是，游客们并不会注意到这些炫酷的科技，而是沉浸在我们精心设计的故事中，并深爱它们。

之所以用乔·赫林顿的话来开启你的幻想工程之路，是因为我希望你能够注意到其中的4个要点，并进行反复阅读揣摩：

1. 在内心深处，你首先是一个讲故事的人；
2. 拥抱改变。学习不仅是接受新科技，还要好好应用这些神奇的新科技；
3. 自主研发一项全新的技术来解决一个难题；
4. 科技是为故事服务的。突破技术极限是为了讲好一个故事。

这一节的结束语引自上海迪士尼乐园项目高级主管、执行制作人多丽丝·哈敦·伍德沃德。"**把秘诀传下去**,"多丽丝在给我发的邮件中用大写字母写道,"**故事是一切的起点。**"

在整个职业生涯中,我非常喜欢结交不同领域的世界级故事讲述大师。雷·布莱伯利就是其中之一,他曾为我的回忆录欣然作序。但我还想再介绍两位。

唐·休伊特是 CBS 电视台长盛不衰的《60 分钟》节目创始人和执行制作人,同时他也是 20 世纪下半叶塑造了全美对世界新闻认知的人之一。退休后,他接受了自己节目的采访。

主持人问:"你教给下属,包括沃尔特·克朗凯特、丹·拉瑟、哈里·里森纳和戴安·索耶在内的大记者的指导原则是什么?"

"我的灵感来自《圣经》,"休伊特思考了一会儿,回答说,"想想看,《圣经》里满是经千年不衰的故事。所以我只会对自己的记者说一句话:'给我讲个故事'。无论什么时候,你都能把这句话张贴到我的布告栏上。"

1980 年,我第一次在以色列特拉维夫市见到沙伊克·温伯格。当时迪士尼幻想工程计划在明日世界建一个以色列展馆。我犹记得大流散博物馆中那些栩栩如生、精细至极的犹太教堂模型。沙伊克拥有戏剧背景,他将博物馆视做一个讲故事的场所,而不仅是古董大坟场。他让建筑师重新设计了大流散博物馆,以便存放一节真正的火车车厢,并借用这节车厢告诉全世界,当时的犹太人是怎样被送到纳粹集中营的。

造访大流散博物馆,你将永远不会忘记那个装满了 4 000 双鞋的房间,那是波兰某犹太社区的唯一遗物。

如果你觉得,以上两人虽然身处完全不同的领域,但都在用幻想

工程师的口吻说话，那么恭喜你答对了。没人能够独自面对世界，尤其是在这个信息自由、需要即时沟通的时代里。我在大师膝下学到了许多原则，并将它们背后的价值观和洞见一一列在了后文中。当然，以故事作为开头。

找到能在闹钟之前叫醒你的东西

寻找你喜欢的工作还不够，去探索、尝试新的东西，直到你发现自己挚爱的工作，你才算找到了自己的激情。

没人可以告诉你应该怎样度过自己的一生，但如果你打算 34 年如一日，每周奉献 50 个小时到工作中，那么你必须从事能够点燃自己激情的职业……你最好热爱自己的工作。

约翰·丹尼斯
迪士尼音乐总监

那么，你长大以后想从事哪一行呢？选择你的兴趣领域，它将影响你在学校的课程选择，课外活动和业余爱好……它们都会是你所享受、热爱的东西。

如果你并不热爱自己的工作，那么你就不应该留在这个领域。"热爱"并不是一份工作的必备前提，但它通常可以让少数佼佼者从普罗大众中脱颖而出。

大卫·德拉姆
蓝天计划、创意设计工作室负责人在工作中，激情是我的秘诀，所以找到自己热爱的东西至关重要。我尝试去做自己从未做过的事，但仍会西至关重要。我尝试去做自己从未做过的事，但仍会凭借先前积累的经验去完成它。

埃迪·索托

退休幻想工程师、索托工作室体验设计公司总裁

很多年轻人都向我寻求职业建议，而我要告诉他们的第一件事就是，去探索自己的激情所在的领域，并培养自己的相关技能。

凯西·曼格姆

迪士尼度假区组合创意主管

我从了不起的迪士尼"粉丝"口中听到最多的话，就是"我的孩子想成为一名幻想工程师"。我总是问那些父母："你的孩子在5岁的时候，是否显现出了对创造的强烈激情？他们是否孜孜不倦地为那种激情寻求学习机会，并为此坚持不懈？"

通常我都能从那些家长和孩子的脸上看到答案，他们通常会眼睛一亮。而那些没有眼睛一亮的人，恐怕难以实现这个梦想，因为他们不具备这种激情。

鲍勃·格尔

退休幻想工程师

最重要的是寻找自己的激情，并努力追求。你热爱的

是什么？它可以怎样与幻想工程相结合？对我而言，我热爱的是音乐，以及与声音相关的创新科技。在学校里，不仅要专攻你的主要兴趣，还要广泛涉猎相关领域，比如摄影、魔术、电影艺术和机械等。如果这些又刚好是你的爱好，就再好不过了。

格伦·巴克

首席媒体设计师

为了爱而工作，不要为了钱，否则你永远不会满足。

斯坦·多德

执行制作人、上海迪士尼乐园冒险岛创意主管

我和同事总是痴迷于创造让游客流连忘返的景点。我们知道，通过创造那些景点，可以启迪人们的心灵，正面影响他们的行为，并激发人们对美好生活的热爱。我们可以影响自己身边的世界。伟大的景点会成为世之楷模，让后人竞相效仿。

汤姆·莫里斯

执行创意主管

对于某个事物，你要么有激情，要么就没有。我还从没听过某人对某物有着一半的激情！最美妙的是，如果你发自内心地热爱自己的工作，奇迹迟早会发生。

史蒂夫·"老鼠"·西尔弗斯坦

退休幻想工程师、动画系统专家

首先要知道自己擅长什么、热爱什么。它应该是每天早晨抢在闹钟之前叫醒你的东西，是你会一直为它做白日梦、在你内心燃烧的东西。这种激情与追求，将支撑你在各学科激烈碰撞的火星四溅的项目环境中取得成功。

特龙·司吉思

执行创意主管

只要你拥有魔法般的想象力，便可以通过多种途径成为一名幻想工程师。但无论你负责什么，都一定要有激情和毅力。用你的成就和激情，给面试官留下深刻印象吧。

劳伦斯·D. 格茨

退休幻想工程师，创意主管、制作人

爱你所做。对我而言，这比"做你所爱"更重要……无论你的工作是什么，无论它多么渺小、平凡，一定要带着激情把它做好。

丹尼尔·朱东京

迪士尼度假区创意主管

我在寻找什么？激情。我们每天都要浏览很多简历，其中令人印象深刻的不在少数。所以，我们要怎样从一堆天才设计师中进行选择呢？我的判断标准就是激情。我面试某人时，希望感受到他对自己事业的一腔热情。

迈克尔·瓦伦蒂诺

首席灯光设计师

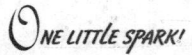

站在导师的肩膀上

你需要找到一位,甚至几位导师,他们的创意、经验和建议能够给予你指导和启发。你的导师必须是你心目中的天才、领导者或朋友,你信任他们,向他们学习,而不是简单地"复制"他们的行为或想法。此外,不要害怕向他们提问。

> 20世纪60年代,我在爱尔兰利默里克市长大。星期天下午吃过午饭(大约下午1点),父亲总会带我们出去散步。每次散步回来我们都冻得瑟瑟发抖(尤其在寒冷的冬天)。这时父亲会生起火给我们取暖,然后我们一起坐在电视机前,等着看《迪士尼奇妙世界》(The Wonderful World of Disney),十分惬意。下午5点半,黑白电视机里出现了一个神奇的人,邀请我们走进迪士尼的奇妙世界。他挥动着手中的魔法棒,拉开帷幕,好戏就上演了;《迪士尼奇妙世界》带我们进入了梦境般的空间,让我们在其中肆意徜徉。那是我们童年中最美好的时光。我有8个兄弟姐妹,虽然我们在物质上并不富裕,却拥有丰富的想象力。那段童年时光对我来说弥足珍贵,我将永生难忘。
>
> 芬坦·伯克
> 技术总监、动画总监

首先,别让妈妈决定你的未来,她并不是每次都最了解情况;其次,乐于助人。我遇到过不少导师和贵人,所以我知道自己站在了谁的肩膀上。为了表达对他们的敬意,我也会让别人站在我的肩膀上。

谢尔比·伊格茨·蒂威尼
迪士尼创意工作室创作总监

我的家人非常鼓励我们接触音乐和视觉艺术。我学了钢琴和鼓，经常参加阿卡迪亚公立学校举办的音乐活动；母亲非常喜欢画画，学了静物画和肖像画；父亲则是一位态度认真的业余摄影师。很多个星期六的晚上，我都在帮他冲洗各种黑白和彩色照片。我现在最喜欢的就是父亲和母亲的作品。而我妹妹目前是洛杉矶爱乐乐团的巴松管演奏者。虽然我不是这些领域的专家，但过往的经历对我而言却非常有价值，它帮助我了解到真正的幻想工程师需要在艺术和专业技能方面付出怎样的努力。

马蒂·金德
首席音视频工程师

经验丰富的迪士尼老兵指导新员工，让他们在专业方面不断精进，这再普通不过了。（迪士尼传奇奖获得者）弗雷德·乔尔格曾在手办部指导过我两年，让我了解了幻想工程师应当具备的气质与性格，以及如何将这些运用到实际任务中。

1976年，弗雷德对我进行了现场考核——为迪士尼世界设计一座水上主题乐园，考察我能否适应与格兰岱尔梦想王国截然不同的环境和条件。在漫长的幻想工程师生涯中，我一直都与产品设计、主题装饰和现场艺术指导等重

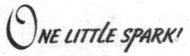

点领域的年轻幻想工程师一起工作,尽我所能对他们进行系统的指导。

约翰·奥尔森
退休幻想工程师

自从懂事开始,我就对科学有浓厚的兴趣。我最早的记忆片段之一,是父亲(他非常喜欢摆弄电力和机械设备,不过没有受过专业训练)带回一个按钮、电池和灯泡。他用电线把这些东西连起来,灯泡发光了!哇!虽然我曾经见过灯光,但那道光激发了我的科技梦。

兰尼·斯莫特
迪士尼高级科学家

我在幻想工程部工作了那么多年,不仅惊叹于幻想工程师的伟大成就,更钦佩他们以帮助和指导他人为己任的激情。一路走来,神奇的幻想工程师教会了我许多。但最重要的是,他们让我学会了回报。没有什么事情比伸出双手帮助他人更能让人感到满足。

迭戈·帕拉斯
幻想工程部佛罗里达州分部外事经理

兰迪·布莱特既是创意副总裁,也是编剧;正是他发掘出了我的创作潜力。他很赏识我的写作能力,所以总是在会议上询问我的想法,而我一开口就像洪水泛滥一样一发不可收拾。兰迪为我创造了第一个发挥创意的突破口。

我聆听过许多大师的教诲，也密切关注各个部门的同僚，向他们取经，学着用他们的方式思考、理解并鉴别在幻想工程师的奇妙世界里什么是有效的，为什么有效，以及什么是无效的，为什么无效。

我终于能把所有知识和经验综合起来，接受挑战、承担创意总监的巨大责任。就在昨天，一个入职9个月的年轻幻想工程师跟我说，她做好了当创意总监的准备，所以特地来问我该如何达成目标。"好吧，"我回答她，"你的手办功夫怎么样？"

凯文·瑞格堤

创意设计与发展执行创意总监

没有人能独自面对这个世界。除去工作，我们还有家人和朋友。他们陪伴我们一生，为我们加油打气、指点迷津。工作中也不乏这样的人，创造性组织更是如此。当你需要分享激情时，找那些能够回应你的人吧。

其实许多成功人士都跟亲朋好友一样，是优秀的导师。当你看到任何一名新人时，记得保持开放的心态。你不知道他经历了什么，将会在组织里面担任什么职位。说不定他们手上正好拥有了你完成下一个职业理想所需要的那块拼图。询问别人是否愿意成为你的导师或咨询他人的建议没什么可害羞的。如果询问的方法得当，谁都会很乐意帮助你。

约翰·丹尼斯

迪士尼音乐监制

我 11 岁时患了小儿麻痹，之后在佐治亚州温泉疗养中心接受了一年康复治疗。那时我有很多闲暇时光，时常和疗休养中心的小伙伴们结伴到附近的建筑工地旁玩耍。工地负责人是一名建筑师，他每周来视察一次，经常带我们参观工地，跟我们讲工程进度。

他说，如果能为我们这样的病人建造光线更好、更赏心悦目的建筑，那我们康复的机会一定会更大。他还说，愉悦的环境是最有效的康复治疗方法。

那时我还是个孩子，对他的话并不是很理解。但是不久之后，我搬进了他们刚完工的建筑，的确感觉更开心了，而且对治疗充满信心。从那以后，我就下定决心成为一名建筑师，要为人们建造更棒的建筑，让生活变得更美好、更幸福。

米奇·斯坦伯格
幻想工程部执行副总裁、梦工厂动画主题乐园的总监

我的导师——戏剧副总裁约翰·德桑蒂斯曾教导我：不瞎想，多提问。

戈登·莱姆基
上海迪士尼展示设计及生产经理

担任协调者时，我与幻想工程的接触最密切。能与那么多这个行业的开创者共事真是人生一大幸事。因为要与他们一同处理各种项目、开展修复工作，所以我经常跟他们聊天，不仅由此了解了公司的详细背景，还能偶尔听到

他们诉说自己形形色色的经历。

史蒂夫·米勒

迪士尼前项目主管

不管你的母亲跟你说了什么，请记住：你不是唯一会发光的金子。

黛比·德尔马

迪士尼前技术主管

我的艺术热情来自我的父母，他们都是艺术家。父亲是一位写作行家，母亲则参加了舞蹈班、音乐课等各种艺术培训课。他们给我最大的启发就是：找到最能让自己开心的事，然后把它变成赖以生存的工具。深思熟虑之后，我觉得自己最美好的愿望就是从事高度重视创造力的职业。所以当我就业之时，决定遵从我对艺术的热爱，从事了与艺术相关的职业。

欧文·吉野　首席概念设计师

东京迪士尼度假区创意总监

在幻想工程部，我最喜欢的项目是我早期设计的"世界橱窗"（World Showcase）和"明日世界"主题乐园。哈珀·戈夫非常信任我，放心地把"世界橱窗"的部分设计项目交给我。他把我收至麾下，让我为 WED 手办馆设计了许多"世界橱窗"展馆。这些工作相当有教育意义（尤其是在研究表现技巧、现场解说以及最终方案确定方面)。之后,我为"'地球'号宇宙飞船历险"设计了中世纪秀场布景,与雷·布莱伯利、小约翰·德·柯尔(John De Cuir Jr.)等大亨一同出席故事会议,更有幸观赏了许多克劳迪奥·马佐利(Claudio Mazzoli)和朱诺·利姆(Jono Lim)等人的绝妙艺术作品。而我就像一只停在墙上的苍蝇,不被人察觉,静静地在索引卡上写着故事,再把卡片挂到墙上。我想我之所以会出现在这样的场合,是因为我的字写得很工整,相当漂亮。建筑师的职业并没有禁锢我,反而促使我不断成长、拓宽能力范围。迪士尼从不同的角度发展了我的创造性。

伊莱·埃兰德森
迪士尼首席建筑师

把你的名字摆在团队后面

60多年后,迪士尼幻想工程部的大门上只有"幻想工程师"这一个名字,这是有原因的。幻想工程师的定义是:一个联合多种创意和天赋创造新意的团队。他们必须合作!

一直以来,幻想工程部都有一个不成文的规定:每个人都是这个大家庭中的一分子。在这个"家庭"里,每个人的想法都有价值,不管这种想法是否符合当时的情境和需要。我在匈牙利长大,从小就接受了"人多力量大"的教育;此外,我还坚信集思广益的好处。这也是幻想工程部理念的精髓。幻想工程部并不是建立在个性和自我认知的基础上，而需要所有人团结起来，把不可能变为可能。正因如此，幻想工程才能够伫立于行业的顶峰。

索特·霍尔梅
创意副总裁

理解团队合作的重要性非常关键。插画师创作了一幅插画，艺术总监就有权对其进行修改，甚至直接在插画上涂改。有些时候，插画师难以接受这些行为，但他们必须习惯。时刻谨记：你的工作只是整体的一部分。

玛姬·艾略特
幻想工程部前高级副总裁

任何时候，我都更愿意与从未合作过的团队共事。如此一来，我就能学到新的领导技巧和方法。我在新人面前展示自己，同时也了解了他们，获得了更多经验。

丹尼尔·朱
东京迪士尼度假区创意主管

幻想工程师的工作涉及多个不同学科。所以，我们要随时准备与那些拥有不同技能和观念的人共事。口头交流和书面交流的能力都很重要，善于倾听也非常重要。学会拥护那些对你来说很重要的东西，但也要准备好解决难题的替代方案。

马蒂·金德
首席音响工程师

在幻想工程部这么多年,我从同事身上学到了许多宝贵经验,也交到了终生挚友。我一直在思考:为什么我在脑海里构思出一半的构想,邻座的同事能完美地填补剩下的另一半呢?也许是因为这些有创意、有趣的人跟我的经历类似吧。

我们都不按常规,以不同的积极视角看待这个世界;我们都用艺术、设计和工程来表达自己,这也是迪士尼幻想工程对待世界的唯一方式。

丹尼尔·约瑟夫
高级特效设计师

掌握一项技能固然重要,但工作能力才是关键。不管你是不是团队里最有才华的工程师或设计师,如果不能与他人良好合作,你就不能在这里取得成功。我们的项目非常复杂,必须依靠庞大团队的同心协力才能完成。如果有人不愿意与你合作,那你估计也不愿意让他加入你的团队,或者给他分配任何任务。

我一直告诉人们不要小看好感度——它与技术技能一样重要。团队合作是一个脆弱的概念,学校也不会教。我们也无法从简历或面试中辨别一个人是否有合作精神,所以只有在入职以后,我们才了解他们能否胜任这项工作。我在这里看过许多人一败涂地,只因为他们不知道合作的重要性!

凯西·曼格姆
迪士尼幻想工程执行制作人

如果你很自负,那么找别家看看吧。迪士尼非常注重团队合作,个人认知在这里几乎没有容身之所。也许你那些了不起的创意只会用在一个小抽屉上,而不是主题乐园。

戈登·莱姆基
上海迪士尼展示设计及生产经理

团队必胜。我在迪士尼公司和幻想工程学到的第一点,是宝贵人才拥有惊人的价值。这些艺术家是各个领域的天才,他们彼此协助,共同打赢创意战争,创造了令人惊叹的迪士尼项目,让全世界的人们都能享受欢愉。

金·墨菲
幻想工程制作人、迪士尼乐园海洋世界项目经理

我称之为"加法合作"。你可能因为应他人要求,或别无选择,就硬着头皮跟着大家上阵,如此简单的合作是远远不够的。

巴兹·普莱兹(Buzz Price)经常谈论到的"yes If"(好的,如果……)非常可行,而且即兴戏剧也一直教我们"Yes, and"(好的,然后……)也能让我们更好地合作,把点子变得更有创意。这就是"加法合作"的真谛。融合别人的点子和设计,实现别人的想法或强化自己的创意,这并没有什么可怕的。

举一个我指导巴黎迪士尼乐园城堡设计之时的例子吧。我当时有一个主塔设计方案,自我感觉非常良好,就自鸣得意地拿给同事埃德·索图看。当时他正在指导"美国小镇大街"的创意设计,我想听听他对我的设计有什么看法(其实只是想听到他说"真好,太棒了!")。他的回复是:"看起来非常不错,不过你有没有考虑把阳台下面的拱门设计成树枝的形状呢?"(这是城堡的主题,随处可见。)

说"好的,但是……"和"不,这……"(或者"我的想法是……")是一件很简单的事情。我不得不承认埃德提的点子不错,于是立刻将其融进设计当中。因为考虑到全局设计和游客体验,这才是最好的选择。

汤姆·莫里斯
执行创意总监

项目经理必须听取所有的需求、建议和观点,但是为了整体项目的最佳利益,必须在与创意合作伙伴和项目核心团队合作的过程中拥有绝对的决策权。所有问题都有解决的方法。你并不是(也没有必要是)项目团队里最聪明的人,尊重那些与你并肩的幻想工程师的天赋与才干,相信他们所做的一切都有理有据。

吉姆·托马斯
退休高级副总裁

幻想工程部是一个非常特别的地方,这么多不同背景的天才聚集在一起,创造出极其复杂而又庞大的创意。成功的关键在于你能不能与那些思维和沟通方式都跟你截然不同的人共事。

在这里,所有的工程师与创意设计、编剧与程序员等都要合作。不分学科、文化和行业，一定要找机会和那些与你不同的人合作；试着从别人的角度看待问题。混合各种观点，你将会发现未曾想过的新点子，而你最终得到的也将是超过所有点子的价值总和。

乔什·戈林
研发部体验设计和整合创意总监

对我来说，合作就是最好的创造力之一。集思广益、分享各自的想法可以创造出新点子和新创意。如果一个人无法独自完成一项任务，那就大家一起完成。我必须得说幻想工程最棒的就是在这里工作的人们。他们是一个整体，怀着相同的愿景一起设计、讲着同一个故事，这种感觉真的很棒！试着和朋友一起做一个项目吧，找到与别人合作、分享创意的方法，体会众人一起思考的强大力量吧！

洛里·柯尔特林
上海迪士尼幻想世界执行创意总监

成为团队的一分子，与其他专业人士合作、共享创意，这或许就是幻想工程师这个职业最令人满意的地方吧。我在这里学到了最重要也最艰难的课程——把自我留在门外，因为门上只有一个名字。

杰斯·艾伦
职业摄影师

我清楚地知道：如果团队能成功，我也能做得更好。

肯定自己的能力，但是也记得帮助团队里的其他人，让他们也能在工作中取得成功。在任何一个团队里，擅长合作、乐于助人的成员总是能走得更远。

科里·休维尔森
美术家、设计师

上前线

在迪士尼乐园或度假区的工作经验为我们创造了任何图书和教室都提供不了的"受教时刻"。与游客打交道，观察他们的反应，看着他们"玩"，这些都是无价的学习经历。

很多幻想工程师的迪士尼第一堂课就是"上前线"——到迪士尼乐园或度假区工作。

1974年，我申请并获得了迪士尼乐园的工作，第一次有机会进入华特·迪士尼制片公司。面试的过程中，面试官问我希望做什么样的工作。那时，我上过一年美术课，有一点经验，于是我告诉面试官说我想做一名画家，还幻想着她能把我分配在一个有气派窗子的漂亮办公室，挨着传奇人物——迪士尼美术家查克·布瓦耶。可是，她居然把我丢进了迪士尼乐园广场餐厅！"嘿，孩子，"父亲安抚我，"只有在字典里面，'成功'才排在'工作'之前。"于是我就在餐厅努力地工作。

凯文·拉弗蒂
创意设计与开发，执行创意总监园内的工作经验非常有价值。对设计师来说，了解即将工作的环境比任何事物都重要。主题乐园是非常独特的娱乐场所，每年接待的游客达数百万人次。在这样猛烈的攻击之下，园区的设备损坏速度非常快，所以我们必须平衡表演价值和维护艺术视觉所花费的精力与物质。也就是说，在哪一个园区或哪一个部门工作其实都不重要，重要的是那份经验。我在"六旗魔术山"[①]做了7年，那些与游客接触的经验对我来说，弥足珍贵！

拉里·尼古拉
迪士尼创意总监

大一那年暑假，我想去迪士尼乐园打暑假工，尝试当机器操作员或店员的滋味。但是招聘人员却说"美国小镇大街"需要肖像艺术家，问我能不能胜任。除了给朋友画过几次搞笑漫画之外，我几乎没有画过任何肖像，但是我还是对他们说我能胜任。

迪士尼艺术节的负责人在两周后将会查看我的简历，在此之前，我必须搞清楚怎么画好肖像，于是我回到大学宿舍，疯狂地给每一个人画素描。很幸运，我拿下了这份工作。那个夏天，我每一天都有8个小时在迪士尼乐园里给游客画肖像。这是我人生中最好的写生课。

克里斯·朗科
原画师

---

① Six Flags Magic Mountain，位于美国洛杉矶，是云霄飞车狂热者的圣地。这里一共有十个主题乐园，百样以上令人眼花缭乱的海陆空摩天云霄飞车。——译者注

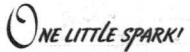

未来瞬间变得清晰明了——成为一名建筑师，实现华特的愿景。教育与愿景随行，于是我选择了建筑学院。父母也很清楚我的梦想，他们鼓励我先到迪士尼乐园找工作。于是，我在迪士尼开了3年单轨小火车。

在我即将大学毕业时，WED公司贴出告示，"明日世界主题乐园"需要一名初级研究分析人员！之后的面试就是1978年6月份的最后一张多米诺骨牌。星期六，我收到了毕业证书；星期天，我开了最后一次小火车；星期一，花街1401号（迪士尼幻想工程部所在地）多了一位新的幻想工程师。

瓦尔·乌斯莱

迪士尼可持续设计执行

我在多家迪士尼主题乐园工作过，在迪士尼世界工作了5年（我的首份工作是在迪士尼好莱坞影城摄影棚餐厅的洗碗房中刷盘子），然后到迪士尼乐园待了2年。在主题乐园里，我卖过快餐、擦过桌子、做过景点讲解、担任过导游，也收到过来自各地的游客的赞美和投诉。在这段时间里，我直接地了解了游客需要什么、不需要什么。

吉姆·克拉克

迪士尼节目制片人

在我大学毕业时，我决定拿下商学学士学位，然后到迪士尼找一份工作。于是我去了迪士尼世界的度假酒店当前台，这是一个学习迪士尼度假区和主题乐园运作的绝妙方式。我在那里工作了3年，也学到了许多，最后得到了WED加州分公司研究和规划部门的职位。

约翰·维里蒂
东京迪士尼度假村幻想工程部副总裁

我自1969年起在迪士尼乐园当服务生，于1975年转到WED公司。我之所以能被WED公司雇佣，要归因于我很擅长建立人际网络。我帮助过许多WED雇员解决过项目问题，所以他们向WED公司举荐了我以示报答。赫布·赖曼曾说过，他非常喜欢帮助别人，而且总是能收到美好的回报。这个方法真的很有用，试试吧。

格伦·巴克
迪士尼首席媒体设计师

"我还不知道……但是我会找到答案。"

第一次听到这句话是在50年前，那时我还是"童话世界运河船"的小演员，正在参加迪士尼大学新生训练项目。迪士尼大学主要负责研究和分析公司员工的需求，要求我们做自我估价，找到适合自己的位置。

我从中学到了两点：首先，没人指望你知道所有答案，所以放松，诚实一点，不知道就说"我还不知道"；其次，表示自己愿意采取行动，"但是我会找到答案"。在找到需要的信息并传达出去之前，你的工作就不能算完成了。

佩吉·法里斯
迪士尼创意开发执行

我得到的最大教训非常简单：成为幻想工程师没有任何捷径。事实上，我认识两位幻想工程师，他们的经历几乎一模一样。他们都在华特迪士尼世界的礼品店打杂，当"丛林巡航"船长、演员、经理、招聘人员，进入 WED 公司人力资源部，最终成功谋得了创意职位，我甚至不确定自己是否理解他们的经历。

我想说的是：你可以计划，可以有目标，但是现实经常都不会跟着计划走。它需要逐步发展、改变，然后在你看不到未来的时候来个急转弯。

安迪·迪吉诺瓦
迪士尼创意项目经理

建立海量知识储备库

我们是这个行业的幸运儿，因为每接到一个新任务，我们都能学到许多新知识。每一次挑战都让我们更上一层楼，这样的成长机会怎能让人不兴奋呢？我们边做边学，与其他人才协作，屡败屡战，越挫越勇，在未知的世界里不断探索，就是为了找到创造和设计的新意。学无止境，勤学不辍。

华特用他自己不断学习的精神为迪士尼员工树立了榜样。学习是获取或查证与影片、电视剧、消费品、出版、主题乐园和度假区有关信息的绝佳途径，而旅行是学习的重要途径。迪士尼动物王国主题乐园的设计团队到非洲和亚洲各地旅行了数十次，到动物的原生栖息地对它们进行研究，保证了"乞力马扎罗山游猎""哈拉比村"以及其他类似特色项目的真实性。

幻想工程鼓励员工把知识和经验传递下去。许多美术家、设计师、工程师和各类人才都在迪士尼投资兴建的加州艺术学院、艺术中心设计学院、中佛罗里达大学以及其他机构当过教师，志愿为学生教学。

过去的12年里，幻想工程首席创意执行官布鲁斯·沃恩一直都在加州大学洛杉矶分校的戏剧、电影与电视学院担任客座教授，为幻想工程师开展了"迪士尼主题乐园：娱乐设计的艺术与过程"主题讲座。

戏剧发展创意执行官迈克尔·荣格深受该讲座的影响，在其母校加州艺术学院开设了"主题式和浸入式体验与设计"基础课程。"我们启动了'加州艺术学院教育计划'。届时，我们将邀请16名硕士生参加为期一个月的密集课程，接受导师指导，设计演示文稿，并在幻想工程高管面前演示。如果你能带来与众不同的新理念，就有可能获得迪士尼实习机会，甚至还可以谋得一个好职位。"

迈克尔呼吁人们关注华特成立加州艺术学院的宗旨："年轻的艺术家需要一所能学习各类技能的学校，一个有交流的地方。几乎每个领域都在追求同一个卓越目标——加快动态增长和变化。艺术作为人类进步的标志，如果想要保持其价值和对社会的影响，就必须符合这一发展趋势。"

> 学不止步。你可以阅读、浏览杂志和博客，参加学术会议等，这些都是学习的好方法。如果可以，尽可能去旅行吧。它会让你保持谦卑，激发你的灵感，让你明白自己的知识是多么匮乏。
>
> 伊夫斯·本耶特
> **迪士尼执行创意总监**

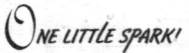

选择你擅长并能令你振奋的路。热爱你所学的专业,并在毕业之后从事本专业的工作,这一点非常重要。不管你选择哪一条路,学习一些构思、设计以及故事讲述相关的知识总是有好处的。我们需要与真实的物理环境打交道,所以组织物理空间和讲故事的能力是胜任该行业任何职位的先决条件。

戴夫 · 克劳福德
研发幻想工程执行官

我们要明白学无止境,永远都保持谦卑、好奇和耐心,才能学到新的东西。一定要记住:倾听远比诉说更重要。不断地学习会让你变得与众不同,并赋予你无价的技能。

丹尼尔 · 朱
东京迪士尼度假区创意主管

每一项工程都要求我们对物理学定律和应用数学有所了解,而这些都可以从正式教育和实践经验中习得。我鼓励大学开设电子、物理、(适用于声学工程的)机械等物理学课程。

此外,关于人类视觉和听觉系统的课程也非常有意义。同时,还需要与艺术沾点边,玩一玩尤克里里、在唱诗班唱歌、参加本地交响乐队的演出等,这样可以扩大你的知识面。

纳尔逊 · 米查姆
迪士尼音视频工程师

对那些想要赶超偶像的人们，我想说：完成你的学业，只有这样你才能面面俱到，为你的工作带来新的想法和经验；好好学习并提高你的技能，知道如何做好自己的工作很重要；接受批评，这样才能不断进步。

奥玛尔·富恩特斯
迪士尼制作协调员

许多人刚出校园大门，就想加入幻想工程部。但是我没有，也不建议任何人这样做。这里的工作非常专业。如果加入幻想工程部之前拥有广泛的实践经验，你将受益匪浅，并在幻想工程部如鱼得水。

库尔特·温
迪士尼建筑主管

"请带上学习热情。你可以为团队带去新点子，但是请尊重已经离开的前辈。最好的合作伙伴就是那些能够相互学习的人。"首席媒体设计师格伦·巴克曾说过："我从来就没有任何选择。"在我读大学时，我就知道自己会从事与音乐有关的工作，作词家、演奏家、监制或者歌手。不过，我没有预料到自己会进入迪士尼，监制数以千计的电影、动画、真人表演、百老汇音乐剧和主题乐园景点的音乐。

进入迪士尼之前，我是一名音乐家，而那段经历让我有能力解决这里的音乐挑战。我认为，在艺术界获得成功（也许你已经耳熟能详）的最重要因素就是对你所选行业充满激情。

坚持学习，别觉得自己懂的非常多，还有很多新知识是你不知道的。另外，如果你能把真正的激情传递给同事，那你就为这些艺术家们创造了最好的工作环境。

克理斯·蒙坦
迪士尼音乐部总裁

我在巴西长大，从小就接触了各种文化，也接触到了不同的语言，包括德语（女仆是德国后裔）、俄语（邻居是俄罗斯人）、葡萄牙语（母语）、保加利亚语（父母的母语）和拉丁语（学校必修）。移居美国之后，我又学会了英语、法语、意大利语和一点西班牙语。作为一名建筑师，应该懂一点艺术和建筑史，以及与环境创造有关的细节，这非常重要。

幻想工程师永远都不会停止研究和学习，我们会用各种鼓舞人心的意象充实我们的大脑。

伊莱·埃兰德森
迪士尼首席建筑师

你可以用任何公司的任何职位作为你事业的起步平台。但是一定要找经验丰富的导师对你进行指导。保持谦逊、热切的心态，吸收一切有价值的东西，但是记得做必要工作，完成当天的任务。

无论你是早早地开始工作，还是工作到很晚都心甘情愿。在任何时候、任何地点，请时刻准备工作。哪怕是项目中最小的工作也不要拒绝，它们一样能证明你的价值。

三人行必有我师，即使那个人是游客，他也能教会你一些东西。花一些时间在乐园里体验当（非 VIP）游客的感觉，你会受益匪浅。接一些国际性项目，了解国际商务相关的信息。

乔治·黑德

幻想工程师、萨万纳艺术设计大学教师

一旦确定了职业方向，你一定要保持对知识的渴望。发掘多种将天赋运用在事业上的方法，并了解该职业与其他领域有何联系。这样，你就可能成为华特迪士尼幻想工程师。

德克斯·坦克斯利

建筑设计工作室首席设施设计师

秃鹰与海绵

当你有了询问"为什么"或"如果……将会怎样"的好奇心，你就会有新方向和新发现。渴望知识，尝试更多——保持好奇心！

如果想在这个领域取得很好的成就，你就必须做永不满足的"文化秃鹰"和不断吸收新知识的海绵。保持好奇心，用开放的思维看待每一个对象、细节、地点以及所有经历。尽可能地把那些俘获你目光的东西都写下来、描绘出来。

佐菲亚·科斯特尔科·爱德华兹

幻想工程师、deZign sKape 设计公司艺术总监

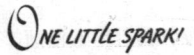

要有好奇心和求知欲，学习和发现是终身事业。

蒂姆·德兰尼
前幻想工程师、蒂姆·德兰尼设计公司董事

人们都希望年轻人保持好奇心，可是年轻人却都因为害怕被当成菜鸟或蠢货而不愿意提问。任何年龄、任何阶段，我们都应该有好奇心。大胆地问吧，但是请做好功课，别问毫无意义的问题。

黛比·德尔马
退休迪士尼技术主管

做一个好奇的人，好奇心能点燃创造力，为你创造丰功伟绩。做一块海绵，吸收所有有用的知识。旅途最大的收获就是发现新事物。

斯坦·多德
上海迪士尼乐园创意总监

作为图书管理员，我最重要的工作就是聆听。

我从来不会装腔作势，装作自己非常了解别人的需求，因为很多时候他们自己都不知道自己需要什么。说不定他们正在构思新方案，需要捋一捋脑海里的想法。有些时候，他们说着说着就知道自己需要什么了。这就是艺术家的自由联想。

艾琳·库塔卡
幻想工程部图书管理员

幻想工程师不仅是职业，也是身份。作为幻想工程师，你永远都不会从工作中抽离出来，而是一直在观察，想象如何把世界变得更美好，或该用何种新方式给大众带来不一样的欢乐。你将痴迷于故事，渴望帮人们实现幻想。

布莱恩·克罗斯比
迪士尼创意设计师

在事业上对我帮助最大的就是好奇心。生活中的好奇心具有无尽的价值。如果你始终对已知的世界充满好奇，不停地问"这个/那个是怎么来的？""为什么会变成这样/那样？"；如果你愿意探索未知的世界，问"这些将会变成什么样"，那就意味着你一直都在尝试新东西，这也将成为你的一大优势。

我看到过很多人因为缺乏好奇心而错失良机。好奇的人总是把问题当成有趣的事，而缺乏好奇心的人只会把它们当成麻烦。在高度重视合作和充满创造性的工作中，比如幻想工程，好奇心会让你受益匪浅。好奇心还能够促进合作，而且我们都知道在棘手问题面前，三个臭皮匠总是能胜过一个诸葛亮。

约翰·丹尼斯
迪士尼音乐监制

深入探索；密切注视休闲景观的发展趋势；放宽眼界，观察一切与故事讲述和场地营造有关的娱乐场所。与最新科技保持同步，但是也别忽略有些人类表达远比新工具和

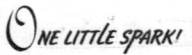

玩具更经久不衰。我们要时刻保持好奇心，随时欢迎来自四面八方的有趣点子。

巴里·布雷弗曼

迪士尼创意执行

幻想工程师和幻想工程之间的差别非常大。推断一个人是否适合从事与幻想工程相关工作的最佳方法就是看他们是否具备好奇心和恒心。

60年前，我曾和幻想工程师共事，他们和华特一样，都有这两种品质。请记住，一个真正伟大的幻想工程师绝对不会参加"迪士尼乐园101"这样的课程。他们不会等待别人提供方法或指令，而是亲临其境，自己摸索答案。时至今日依然如此。如果哪个父母或者孩子认识到了这一点，那他们就可以成为幻想工程师了。

鲍勃·格尔

迪士尼传奇

变化是常态，而且是你人生中最令人振奋的经历之一。华特曾说过，要做一个"对一切充满好奇"的人，所以我们要经常提问，试着用全新的、前沿和创造性的思维看待那些普通、熟悉的事物。发现人们最好的一面，加入优秀的团队；永远不要放弃自己，当你非常急躁时，放轻松；学不止步，在学习时保持良好的态度。

苏珊·扎瓦拉

设计资料专家

与高管一起做简报时，我必须仔细聆听他们需要哪一类图像以及为什么这幅图像那么重要。这不仅仅是在用文字解读图像，也是在展示建筑、灯光照明、内外观设计、景点、商铺、餐馆等元素，从而让整个故事更加奇妙。

戴安娜·斯科格里奥

设计资料专家

华特的4C原则：好奇心（Curiosity）、自信心（Confidence）、勇气（Courage）和恒心（Constancy），是我加入迪士尼的原始动力。我不得不说，好奇心确实影响了我的事业。

对那些永不知足、永远好奇的人来说，幻想工程部就是最美好的地方。每天我都在模型部工作，从经验丰富的老员工身上学到新东西；但是我也会花一些时间查看我们的设备，了解最近在设计什么，比如最新的建筑蓝图、概念绘图、交通工具模型和雕塑设计草图等，观看美术师如何给小动物画上毛皮、机械师如何汇编最新的动画等。

有一回，我在我的偶像马克·戴维斯的绘画桌前看他怎么绘画，结果他非常耐心地演示并讲解了他的绘画技巧，那真是令人难忘的经历！

克里斯·朗科

创意设计师

对最成功的幻想工程师来说，"我没见过"是机会而不是障碍。他们很乐意跨出舒适区，扩展视野，收获新观点。

我们曾在设计新游乐场之前，把一些幻想工程师培养成操控员，后来他们成了游乐场的安全检查员，为孩子设计了一个队列游戏区，连餐馆设计人员也上了烹饪课。不断提问，学习事物如何运作，尝试新鲜刺激的事物，你就有了坚实的经验基础，而持续的好奇心将会让你在幻想工程部和自己的人生中受益匪浅。

乔什·戈林
研发部体验设计和整合创意总监

我们需要积极的好奇心。我能想到最好的范例就是我如何爱上了建筑。我的本行是音乐合成，是它让我发现了音乐与建筑之间多么相似。

通过推断音乐和建筑之间的共同点，如节奏、韵律、模式和结构，我把两者联系起来了。自从我发现了这两者之间的联系，我看待这个世界的方式发生了改变。我在幻想工程部的每天，都在练习这种积极的好奇心，而它也为我的项目团队带来了极大的益处。

德克斯·坦克斯利
建筑设计工作室首席设施设计师

跨出舒适区：另类思维 + 冒险一搏

迪士尼的每一个人都要敢于冒险。从第一部动画电影的制作到全新的家庭娱乐企业，再到收购皮克斯动画工作室，迪士尼一直都用"冒险一搏"和"另类思维"的精神领导着娱乐行业。

如果可以，我想对年轻的自己说：你应该冒更多的险；你不应该害怕失败，应该敢于尝试更多；你应该和耐克的广告词一样——尽管去做！通常，我们最大的障碍就是自己，我们总是说服自己再等等，等获取了更多信息、获得了批准、有了百分百的把握之后再行动，或者干脆就这么等下去。最终，我们因为等得太久而错失良机。如果此刻，你正好有机会可以进入幻想工程，你准备好了吗？请别再问为什么你做不到，尽管去做吧！

戴维·德拉姆

创意设计工作室、蓝天计划项目组负责人

景观设计不仅给了我创造物理环境的自由，还给了我无尽的创造力。要想设计好幻想工程景观，就必须将企业创造力的"气质和认识论"结合在一起。

发自内心的创造者必须愿意去飞翔，必须无畏地跳下悬崖。幻想工程是一个充满创造性的地方，在这里，没有人可以携带安全网，每个人都必须厚着脸皮接受所有批评，不惧怕被不同观点的人疏离。

保罗·科姆斯托克

幻想工程师、科姆斯托克景观设计公司景观设计主任

无需恐惧未知的事物——把它找出来！珍惜命运的迂回曲折，带着勇气，纵情于冒险，解开沿路的神秘面纱。

斯坦·多德

上海迪士尼乐园创意总监

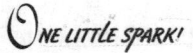

对新经验保持开放的心态，选择最具挑战、最多成长机会的道路。

迈克尔·荣格
戏剧发展创意执行官

最成功的幻想工程师都爱提问，敢于冒险和自我暴露，不怕失败。当你能从中学到东西时，失败也是件好事，这样你就能重新振奋起来，用更明智的方法前进。

伊莱·埃兰德森
迪士尼前首席建筑师

任何值得做的事都值得做到最好

理论上来说，团队里每一个人都"最优秀"是不可能的事，但的确每个人都可以努力成为最优秀的那个。当每一个人都用最优秀的方式为追求卓越而奋斗，自然能成就最优秀的团队。

我建议你一定要成为你所从事的行业里最优秀的人。许多人试图对每样东西都做一点了解，却淡化了自己的专业性。他们固然在很多方面都很在行，却不是最优秀的，这反而会削弱他们简历和申请书的说服力。

当然，这并不是说你不应该发展业余爱好或兴趣，只是我们希望雇佣那些在特定学科上最出色的人。如果你能尽可能多地获取实际经验，或在行业内其他公司实习过、工作过，又或者你对创造性活动、技术项目甚至旅行都有兴趣、学会了相关技能，那自然更好。拥有的经验越多，你在解决复杂问题的时候可以利用的资源也就越多。

戴夫·克劳福德
研发部执行幻想工程师

满怀激情地完成工作。人们都喜欢与那些热爱自己工作的人共事。他们希望你成为团队的一分子，指导你，给你机会。如果你能抓住这些机会并加以利用，那么将来，你就有足够的筹码去做你所热爱的事情。

丹尼尔·朱
东京迪士尼度假区创意主管

每个人都有梦想。要敢于设立远大的梦想。造物主赋予每个人不同的天赋和才能，是为了让我们在特定的一个或多个领域取得成功。跟着你的梦想，力争上游，享受这段旅程。用迪士尼的话来说："人生就是一场最棒的游览。尽情享受吧！"

汤姆·鲁道斯基
迪士尼幻高级表演制作设计师

任何值得做的事情都值得把它做到最好。我认为要想获得成功和幸福，首先必须确定你最喜欢做什么事情；然后余生都为成为该领域最优秀的人而努力。不管你想成为迪士尼幻想工程师、爵士乐手、作家、画家、医生，还是任何其他角色，通往成就和幸福圆满人生的道路都一样。

如果在追寻的路上发现一些不同的新事物，而且比之前所追求的目标更吸引你的话，别惊讶，这正是这段旅程的奇妙之处。寻找自己真正热爱的，并致力于自己最擅长的，这本身就是一段不可预测的旅程。

史蒂夫·"老鼠"·西尔弗斯坦
幻想工程师、动画系统专家

只要别人要求了，无论事情多么困难，你只需要回答"好的"，然后想办法解决掉。根据我的经验，说"好"的人一般都能在工作中取得成功。这种人通常都对生活更积极乐观，而且他们也更加快乐。如果你对图像处理软件 Photoshop 感兴趣，那就学一学 AE①；如果你热爱 AE，那就试试 Maya②；如果你能玩转 Maya，那我可要对你刮目相看了。你可以对某些事情抱有激情，但一定要乐于学习，不要争辩，只管点头就好了。要知道，当你做到管理层，有大把的时间可以去争辩呢。

乔治·斯克里布纳
幻想工程师、动画导演和原画设计师

招聘新灯光设计师时，我一定会聘用最好的。所以，我建议你们选择一个余生都愿意工作的领域，然后成为这个领域最优秀的人。在这里，我想说一件大多数人都不知道也没考虑过的事情：在幻想工程部，我们无时无刻不在

---

① After Effects，一款图形视频处理软件，属于层类型后期软件。——译者注
② 三维建模和动画软件，最优秀的三维动画的制作软件之一。——译者注

贩卖自己。当我们有了景点构思后，就把它卖给管理人员，从而获得资金来实现这个构思。我们称之为"推销"，如推销骑乘设施理念、推销演出设计灵感等。这可相当有趣。

任何时候，我们都在推销自己。我在晚年的时候悟出一个道理：必须学会推销自己。即使我在幻想工程部待了那么多年，做过那么多工作，但还是需要把自己推销给新的项目小组。

迈克尔·瓦伦蒂诺
首席灯光设计师

机会出现时，竭尽所能，哪怕花光所有力气也要把事情做到最好。你必须在领受的任务中展现自己的能力，得到他人的认可，才有机会提出建议甚至更替方案。

把每一项任务都当成最重要的事来处理。用你的工作质量赢得上司的认可，他们会注意到你的。你的第一份工作很有可能不是最终的理想工作，但你需要时间成长。

劳伦斯·D. 格茨
迪士尼创意总监

你必须为自己的事业负责。

你必须保证一切就绪，时刻准备展示才干。因为，说不定在候机厅里就有一位制片人站在你面前呢。你对事业的承诺必须是完整的，打开你的天线，努力搜索下一个机会吧。

你拥有完全控制权，这就意味着你不能把责任转交给别人；你就是创造可能性的人；你必须忠诚于事业；你决定自己事业的走向。世间有一个人是你永远都无法欺骗的，那就是你自己！

布莱恩·内夫斯基
选角导演

进入"蓝天"

谢尔曼兄弟在歌曲 *One Little Spark* 里这样说：

One Little Spark

Of inspiration

Is at the heart

Of all creation

Right at the start of everything that's new

One little spark

Lights up for you

20 多年前，确切地说是 1992 年，我在迪士尼幻想工程部开启了一个项目，特意借用了幻想工程的名字，称之为"幻想国"[①]。如今人们这样描述该项目：

"幻想国"是由迪士尼幻想工程部创立并赞助举办的设

---

① ImagiNations，该设计大赛全名为 Walt Disney Imagineering Imaginations design competition，即华特迪士尼幻想工程幻想设计挑战赛。——译者注

计大赛，旨在筛选和培养多元化的下一代幻想工程师。该项目于1992年由迪士尼传奇奖获得者、幻想工程总负责人马蒂·斯克拉发起，近年在香港迪士尼乐园的赞助下开启了香港特别版本。

每年都有成百上千的大学生从美国各地的学校赶来参加比赛，如果取胜，就能够在幻想工程部高管面前展示自己的设计项目，甚至有机会进入迪士尼幻想工程部，实现自己的梦想，为游客缔造奇妙体验。

设计大赛要求参赛学生设计一个与迪士尼相关的项目，展示自己的技能和才华。参赛学生和应届毕业生必须以团队的方式设计项目，把幻想变成现实，如同幻想工程师创意过程中的"蓝天"（Blue-sky）阶段一样，打破各种束缚，发散创意的思路。在比赛的数周之内，团队必须充分利用艺术、技术和沟通技能，提交方案吸引来自各个创意和技术学科背景的裁判。

该项目最初的目的是吸收多元化人才，将他们培养成新的幻想工程师。重要的是：这是一项团队竞赛，就如同幻想工程部集合了140多个学科的人员共同创造项目一样，团队合作最重要。所以，每年参加设计大赛的人都以学校或组织为单位组成小组，也有两个或多个人跨越千里聚在一起，共同设计一个项目。

看看幻想工程师们都如何描述他们的体验吧。

2005年，我参加了迪士尼幻想工程"幻想国"挑战大赛，该赛事目的是寻找全球多元化人才。彼时，我对幻想工程了解甚少，仅在孩童时代观看过迪士尼频道的《那个幻想工程师》短片并从中得知些许信息。我对迪士尼幻想工程师充满敬畏，却从来没有想过有一天我也能成为幻想工程师。我有幸参加了比赛，全力以赴，也得到了可喜的成绩。当时我在富勒顿加州州立大学学插画，还以为自己注定要当一辈子的连环漫画家。如果非要我说在幻想工程部学会了什么，我想是：你永远不知道未来会发生什么。最完善的计划也必然会发生改变。

比赛过后不久，我获得了幻想工程部资源中心 (Imagineering Resource Center) 的实习机会，我们称之为 "IRC"。我在实习期接触到了许多主题娱乐界中最具天赋、最有创造性的人，不仅结识了他们，也让他们知道了我。

布莱恩·克罗斯比
创意设计师

在我读大四的那一年 (1993 年，于夏威夷大学马诺阿分校)，我发现了一个绝好机会，它能够帮我实现拥有创造性工作的梦想。我的一个朋友需要美术专业学生协助他完成"幻想国"大赛参赛项目，于是我就毛遂自荐了。我们以三个传奇生物的友情故事为原型，设计了一个非常刺激的游戏项目。

在这个过程中，我不但认识了新朋友，还有幸接触到了华特迪士尼幻想工程的神秘人物。鲍勃·霍普曾经说过："我永远都在对的时间出现在对的地点。当然，我总是能把自己引到那里去。"是的，我们非常幸运，能从那么多参赛队伍中脱颖而出，得到了珍贵的实习机会。不过，也是因为我们追随自己的激情、努力地完成项目，才让自己的才能得以展现。

欧文·吉野

首席概念设计师

第4章

特殊的信

什么样的经历为16岁辍学的芬坦·伯克铺就了通往迪士尼事业的道路？什么样的魔力吸引了幻想工程师，让他们在迪士尼一干就是二十年、三十年，甚至半个世纪？什么样的礼物改变了首席建筑师伊丽莎白·埃兰德森的一生，让她用大半辈子的时间来追求自己的幻想工程之梦？

幻想工程师的创意之道

"我在'业余'时间做的一件事,"创意设计师戴维·费希尔说道,"就是给那些怀揣'幻想工程师之梦'的孩子们回信。我不知道马蒂当初为何会选中我,但是我很荣幸能担此重任。"

这里有一封戴维在 2014 年 2 月给一位小"粉丝"的回信:

亲爱的凯莉:

非常感谢你的来信,过了这么久才给你回复,真的很抱歉。看来你对我们已经有所了解了,我们负责设计和建造世界上所有迪士尼主题乐园及度假区,包括所有景点、游乐项目、游艇和娱乐场所等。

像你这样既喜欢迪士尼主题乐园,又痴迷于幻想工程的人能给我们写信,并表示希望有一天能成为幻想工程师,我们真的非常欣慰。

我跟你一样,在小的时候(差不多 13 岁吧)就非常想在迪士尼工作。于是我写信到迪士尼乐园,询问他们我该怎么做才能实现梦想。最终我得到了迪士尼的工作——在南加利福尼亚大学读新闻和英语专业时,我被迪士尼聘为园区保管员。毕业之后,我就来到了幻想工程部,一直工作到现在。

我们的团队驻扎在加州格兰岱尔(幻想工程师分布在所有迪士尼主题乐园和度假区,包括洛杉矶、奥兰多、巴黎、东京、香港、上海等地),约有1 700名表演设计师、建筑师、工程师、模型设计师、编剧、技术人员和其他人才(共有140多个门类)。但我们有一个共同的身份——讲故事的人。我们的目标就是通过乐园、游乐设施、项目、商店、餐厅和度假区为游客创造难以忘怀的体验。

我们还有一个共同点:喜欢给别人带来快乐。这听起来有点老生常谈,但成为幻想工程师最棒的地方的确在于我们能够创造主题乐园、游乐项目和表演,同时给人们创造愉悦感。

当项目完工之后,看着人们(我们称他们为"游客")面带欢笑,兴奋地谈论刚刚的体验和见闻,这个时刻足以令所有幻想工程师自豪无比。

很幸运,是我打开了你的来信,现在我来跟你讲一讲怎样成为一名幻想工程师。

从法律角度来说,你必须年满18周岁才可以担任全职幻想工程师,而且大部分幻想工程师都毕业于全球一流大学,并在迪士尼或其他公司工作了多年,开发了才能,磨炼了技能,积累了经验,才正式实现了梦想。以下是我给你的几条建议:

别让迪士尼世界局限了你的兴趣。让它成为一个发展其他爱好的切入点，接触文学、机械、电影、艺术、历史等学科。迪士尼的知识并不能保证你能在迪士尼工作，而且也不是迪士尼工作的必要条件。

追求一项你真正喜爱的事业或课题。重要的不是你做什么，而是你爱的和你所做的事情。在任何大学都没有"幻想工程"专业，也没有与此相关的职业。幻想工程师首先得有"其他职位"，如建筑师、工程师、财务分析师等。这些人后来之所以能来迪士尼幻想工程，是因为他们在其他职位上表现出了专业技能和才华。我是一名编剧，这是我热爱的职业，也正是在写作方面的技能和才华让我得到了幻想工程师的工作。其次，加上一丁点幸运（每一个幻想工程师都会告诉你这一点幸运非常重要）。

因为幻想工程涉及的学科太庞大，太多元化，所以我们很难建议那些为成为幻想工程师做准备的人到底该学习哪门学科或哪个专业。不管怎样，你考虑读哪所高校之前，一定要知道每个人在不同学校的体验都不一样。也正因为如此，我建议你选择让你自己感觉自在，并且其项目和活动都适合你的大学。毕竟大学对我们来说还不及人重要！

我们确实会为合格的在校大学生和应届毕业生提供实习机会，尽管有所限制。你可以在 www.disneyinterns.com （在"迪士尼主题乐园和度假区"的标签下面就可以找到我们）查看招聘启事。你也可以到 www.disneyimaginations.com 了解"幻想国"大赛，这是迪士尼幻想工程部赞助的年度设计挑战赛。

凯莉，最后我想说：执著于梦想，天晓得将来会发生什么呢！说不定哪天你就成了幻想工程师！

致上我的问候，愿安好。

戴维·费希尔

我还邀请了几位幻想工程师整理他们对幻想工程师这个职位的认知，所以你将会看到这些最优秀、最聪明的人给出的建议，了解他们觉得什么才是重要的，甚至能了解他们最喜爱的项目有哪些。

2015年刚好是艾尔弗雷多·阿亚拉在幻想工程部度过的第20个年头。他出生在洛杉矶，是加州州立大学洛杉矶分校的工程学和化学双学士。他是研发部门首席创意指导，拥有十多项专利；他说：

我最喜欢的项目是下一个，我非常喜欢用一张白纸开启下一个项目，这就是创意所在！

我已经当了20年的幻想工程师，正是这份职业，让我有机会与世界上最有创意的人共事。很多人都问我：幻想工程师都做些什么？怎么样才能成为幻想工程师？第一个问题的答案是：我的工作是将迪士尼的魔法故事变成现实，给游客带来真实的物理体验。至于第二个问题，我需要详细地解答。

这里有份清单，你可以看到我的工作要求。

1. 必须坚持学习；
2. 不仅需要提高艺术或科学方面的能力，还要督促自己去发现新秘密；

3. 不畏失败；

4. 喜欢与庞大、多元化的团队共事、分享观点；

5. 不可以有任何先入为主的观念，要想成为伟大的艺术家，就必须有很好的观察力；成为优秀的科学家，也需要有良好的观察力；科学和艺术从精神上来说是一样的；

6. 必须尊重自己和身边的人；

7. 必须不断强化把灵感变为现实的技能；

8. 脸皮要厚，如果你不能接受别人批评自己的点子，那你就不能成为一名优秀的幻想工程师；

9. 如果你在别人当成阻碍的地方看到潜力和机遇，那你就是一名幻想工程师；

10. 别惧怕改变，拥抱它！

这就是我对幻想工程师的一些看法。要想习得这些技能，就得接受教育。然后，找到你的激情所在，一旦做了，就别轻易放手。我向你保证，这场旅行一定非常有趣。

执行创意总监伊夫斯·本耶特曾被派到东京迪士尼度假区，两年之后回到了格兰岱尔。他出生于法国土伦，其迪士尼事业源于24年前的巴黎迪士尼乐园，那也是他最喜爱的项目。

亲爱的小设计师：

相信你自己能够成为一名设计师！你可以有趣，可以严肃，甚至可以无礼，但一定要做自己。本能和直觉都很重要，学着信赖它们；黄金法则依然适用。你最好的设计

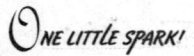

也有可能遭到别人或其他项目的拒绝。

展现真实的一面。你所拥有的最大财富就是你的个性，它让你与众不同。与其采用特定的行事风格，不如创造出一种你专属的个人风格。试着学习别人的作品，理解它们，但是不要复制别人的创意。

发现并保存那些有意义的、有趣的事物，传递给你的朋友或同事。与他人分享你的经验；反复斟酌自己的想法是一个很好的办法，同时你也可以得到更多观点。记住，要寻求批评，而不是赞美。

比别人更努力，你将会受益于此；永远不要放弃，但是也别期望事情会变得简单；记得做好功课。

离开电脑世界，去接触真实的人和文化；脚踏实地，靠自己的双手，光靠拍脑袋是远远不够的。跨越舒适区，试着使用你从未尝试过的方法。不要对任何事物表示不屑，有时解决一种小事也可能会给你带来巨大的收获。重要的是你要能热爱设计的每一段过程，从开始到结束。

当你不知道别人在说什么的时候，千万不要点头声称自己听懂了。说一句"我不知道"一点也不失礼，别人绝不会因此认为你很蠢。还有，永远不要接受糟糕或错误的答案。

最后，别忘了玩得开心！不然游客怎么能从你创造的项目里体验到快乐呢？

芬坦·伯克是爱尔兰利默里克市原住民。他16岁时辍学，之后开始读夜校，然后又在伦敦威斯敏斯特大学修了法语专业，并参加了加州大学洛杉矶分校的领导力课程。芬坦最喜欢的项目是迪士尼动物王国，因为它向他发起了前所未有的挑战。

> 我想是父亲让我在车库里当钣金工学徒的经历成就了我的幻想工程之路。我16岁时，父亲把我从学校拉出来，丢进了"保罗·伯克钣金工"车库里。我在那里当了五年学徒，最终成为一名钣金工——也就是汽车维修工。
>
> 我恨父亲让我辍学，但没想到这也是他给我的一份礼物。我因此变得坚强，技术也非常了得。金属塑型、焊接、维修和喷漆无一不精。
>
> 我可以修复任何东西，也可以制造各种东西。这让我萌生了重返校园的想法。我在伦敦（劳斯莱斯维修店）和洛杉矶（帕内利琼斯维修和赛车部）都工作过，并和好朋友查理在朗代尔开了一家小店，复原欧洲经典车型，为三菱和本田设计概念车。我还有幸进入了赛车行业，在阿尔·乌瑟尔麾下接触到了Can-Am车系和子弹头赛车。这为我铺就了通往迪士尼事业的道路。
>
> 很多道路都能通往迪士尼幻想工程，你只需要相信你自己，永远不要听别人说"你不能这样做"。要知道，好戏才刚刚开始！

小奥斯卡·科沃斯是一名设计师，建造设计工作室负责人，加入幻想工程部已26年。他出生于墨西哥奇瓦瓦州卡马戈，是南加利福尼亚大学的建筑学学士。科沃斯最喜欢的项目是东京迪士尼的"阿拉伯海岸主题区域"，因为他设计了该区域的建筑环境。

我怎么当上了幻想工程师？首先，我在高三那一年思考未来要做什么、学什么的时候，并未考虑过幻想工程师的职业。那个年龄段的很多年轻人都觉得自己必须做出一个影响，甚至改变一生的选择。所以我们必须问自己"我到底喜欢做什么"或"我在什么领域有天赋"。诚实回答这些问题、对自己真诚，是一个非常好的开端。这样一来，你选择任何一个领域都能成为最优秀的人。所以，你首先得听听自己的心，了解自己的喜好。

我曾在建筑公司做过几年。机缘巧合之下，公司接到为迪士尼设计"明日世界"建筑图纸的工作。当我参观"未来之家"的时候，突然萌发了一个新想法：试着把我喜爱的，也是促使我选择建筑行业的东西加入到迪士尼的设计中。我的职业计划并不是为某个特定的公司工作，而是在一个我喜爱、充满激情的领域运用自己的天赋、才能，不断地发展自己。这样我就会有更大的舞台施展自己。

很幸运，迪士尼幻想工程需要这样的人，而我也可以用激情的方式把所学和所爱的东西应用其中，为迪士尼设计并建造美妙的乐园，让全世界的人们都能够享受欢乐，并受到启发。

现在，我在想："如果我最初就定下目标要成为幻想工程师，却未被录取的话，会不会终生遗憾？"

但事情并没有往这个方向发展。我的事业规划基于我热爱的东西，是我认为自己天赋所在的领域，所以我并没有感到失望；在我所享受和热爱的领域做事，让我的事业和生活都很充实，同时也为人们营造了难忘的环境和体验，而反过来，它又能给我不少启发。

所以我的建议是：对自己要坦诚。

蒂姆·德兰尼现在成立了自己的公司——蒂姆·J.德兰尼设计公司，他曾在幻想工程部工作34年。蒂姆出生于幻想工程总部附近，毕业于帕萨迪纳艺术中心设计学院。他最喜欢的项目是巴黎迪士尼乐园新版"明日世界"。

我在幻想工程部待了34年，才学会并领悟了以下这些事情。

保持好奇心、不断求知。根据赫布·赖曼和约翰·亨奇的精神，学习和探索是毕生的事业。我在幻想工程部的办公室离约翰·亨奇的办公室只有几米之遥，过去5年里，我每天下午都能看到他从图书馆运来大量的图书和杂志当做夜间阅读材料。他阅读材料的多样性和主题的多元化简直令人震惊！至于赫布，他让我了解了随笔集的价值，也教会我如何记录点子和图像，充实内在知识。你对创造性的理解本身就能锻造你的个人潜能和情感力量，这也是处理所有项目的必备条件。

创造力的形式很多样。所有成功的企业都以创造力作为它们的基石。对我来说，创造就是考虑所有问题和项目，并寻找最独特的解决方案的过程。创意并不只为了艺术。在幻想工程部，最优秀的预算师都会用创造性的方法来评估并推进项目。

勇气。坚持自己的好点子。如果你的点子正是基于灵感、调查和创造独特新事物的真诚愿望，那就保持坚定的立场，不要在乎别人的反对。有一天下午，弗兰克·威尔斯(Frank Wells)把我叫到他的办公室，用手指戳着我的胸膛说："作为一名幻想工程师，你有职责告诉我和CEO迈克尔什么才是新颖的、应该做的；至于判断你是否正确，那是我们的职责！"这位伟人的建议很棒，这让我在项目管理上轻松了不少。

天赋。每个人都有天赋。关键在于怎样才能最有效地利用一个人的天赋。如同一辆高性能的汽车一样，项目团队的所有零件必须协调工作，汽车才会前进。

具备团队精神。没有人能单独完成一个项目。相信团队，他们是你的项目家族。每个团队都有不同的人才，合理地利用他们的技能是成功的关键所在。

当一名优秀的团队领导。没有领导，任何团队都无法前进，而强大的领导力会让团队以任何人都无法想象的速度发展得更快、更远。记住，管理者随处可见，而领导者却寥寥无几。

激情。常言道：没有激情，任何事情都没有意义。

正能量。世间充满负能量，只有坚定不移的正能量才能让我们取得成功。

尊重预算。所有成功的创意企业都生活在真实存在的世界里，所以要想成功就必须尊重项目预算和工程计划。

如果过程毫无乐趣，那成果自然也不尽如人意。这个世界已经迷失在茫茫的程序和会议中了。我们要学会从中寻找乐趣。

第 4 章 | 特殊的信

戴维·德拉姆目前身兼二职：创意设计工作室负责人和励志蓝天计划项目组负责人。他出生在犹他州盐湖城，加州理工学院毕业。在迪士尼乐园工作数年之后，转为幻想工程师，一做就是 24 年。他最喜欢的项目是迪士尼乐园中"明日世界"主题区的"宇宙波喷泉"，因为"操场上的简单玩乐就能让孩子快乐，可是这种欢乐随着年龄的增长渐渐地被遗忘了。这个项目中简单的水中嬉戏能让游客回想起童年的纯粹快乐"。

这些年在这里学到了许多，也很想教给年轻时的我。可是年轻的我应该不会相信年长的我。现在的我和 25 年前（刚进入幻想工程）的自己是完全不同的两个人。生活的精心雕琢成就了现在的我。如果对着年轻的我讲至理名言和格言警句，只怕他会把它们都丢回来。我想告诉当初的自己："调整你的预期，所有事情花费的时间都比你想象的更久。"但是我不知道他能否真正理解这句话。

许多幻想工程师，包括我自己，都需要花费数年才有所收获。正如房地产行业里的那句"地段，地段，还是地段"一样，娱乐行业的格言就是"时机，时机，还是时机"。不管你是不是最优秀的，只要你想为之工作的公司不招聘新职员，那扇特定的门暂时就是关闭的。你是否有耐心呢？你会坚持吗？

我还想对年轻的我说："了解你一生的追求非常重要。"插画师、工程师、预算师、建筑师、制片人、模型制作师……事业的选择不胜枚举。140 多个学科，你选择哪一个？幻想工程并不能教给你特定的技能。如果想应聘预算师一职，就必须在应聘之前了解如何才能成为预算师。请你谨记：你要受雇于自己的专业领域。尝试这个，再尝试那个，看看什么才能引起你的兴趣，这是不可取的。你必须在一开始的时候就选择以后要做什么。选择你感兴趣的领域，这将会决定你将来在学校学习的课程，参加的课外活动，甚至兴趣爱好……这些都应该是你喜欢并且热衷的东西。如果你对某项具体的工作缺乏激情，那一定是选错了领域。激情并不是工作的必要因素，但它是区分大人物和普通人的重要因素。

最后我想说，许愿请谨慎。幻想工程部是一个神奇的地方，聚集了许多了不起的人，创造了奇妙的项目。为了让所有事情看起来都毫不费力，我们必须在背后默默地卖力工作，可以说幻想工程师是世界上最辛苦的上班族之一。如果你缺乏职业素养、不够坚定，如果你不愿辛勤工作、不喜欢团队合作、不注重细节、接受不了长时间工作和国际旅行、不具备创造的张力又不喜欢鞭策自己，那你就不适合做幻想工程师。

如果你有创造新世界的激情，相信一切皆有可能，相信幻想工程部的使命宣言——快乐的人让世界更美好。也许时机刚好，你多年的准备就能得到回报，你将有机会在迪士尼幻想工程部找到自己的位置，展现你的绝活。

伊丽莎白·埃兰德森是南加利福尼亚大学的建筑学学士，也是我们的首席建筑师，于2014年退休。她的祖国（出生于巴西圣保罗）对她有着深远的影响。

从小我就立志成为迪士尼的员工。随着我慢慢地成长，我开始清楚自己的激情所在。我从3岁开始画画，11岁便想成为建筑师。从那以后，我就认真地追求这两项兴趣。

1975年，我的父亲送了一份与众不同的礼物给我，从此改变了我的一生。我大学毕业的那天，父亲递给我一张WED公司的空白申请表。他知道我的梦想，所以想帮我实现它。在此之前，我从未听闻过WED公司。那时，WED公司还是一家不为人知的企业，隐藏在加州格兰岱尔市一个毫不起眼的商业仓库里，几乎没有任何痕迹宣告着它的存在。毕业的那一周，我鼓起勇气投出了申请，很幸运地开启了我在WED，以及幻想工程部的漫长职业生涯。

对于年轻、毫无经验的人来说，筹备加入幻想工程部的最佳方法就是找到你感兴趣的领域，学好它，超越常规，相信自己，然后鼓足勇气申请一份工作。一旦进入幻想工程部，你要正确地看待自我，以谦卑的姿态对待身边来自各个领域的经验丰富之人和杰出人才。当然，我说的谦卑是指认识到自己有很多东西需要向别人学习，这就足够了。不要过于低声下气,让自己陷入"害怕失败"的恐惧模式中。

优秀的幻想工程师的另一特性就是追求专业之外的兴趣爱好。幻想工程部的建筑师们有人喜欢音乐、写作，有人喜欢舞台表演、摄影、钢琴、舞蹈、雕刻，还有人喜欢服装设计、木艺、诗词和各种体育运动。说到这，我想到一个非常独特的人——斯坦·朱科维奇，他是19世纪七八十年代，WED公司建筑主题设计工艺方面杰出的艺术家。斯坦非常喜欢昆虫，收藏了各种各样世界闻名的物种，

并在办公桌下建了一个小蚕场，把蚕当成孩子来照顾。他每天都从食堂庭院里摘桑叶喂蚕宝宝，并保证桌子底下的温度适宜，让它们能够顺利变成漂亮的蝴蝶。

我觉得，热衷于专业以外的爱好对所有人来说都是非常重要的。因为它能让我们在难以喘息的情况下，依旧坚持多年处理极度困难的项目；它能给我们带来平静和继续奋斗的力量；也正是这些业余爱好，让我们加深了对彼此的了解，即便在艰难的情况下也依然融洽相处。

我们的项目非常困难，即使工作很简单，方法也不会简单。如果你想在领域中轻松获取成功，幻想工程部并不适合你。你可能很聪明，但是大家都不比你逊色。这里的工作只适合那些喜欢艰巨挑战和艰难困境，怀揣团队共同梦想不断前进的人。除了能在这里找到满足感的人以外，并不是每个人都能适应这里。

学习、理解和运用"米奇十诫"也很有帮助。此外，你还需要有良好的心态、一丝幽默感和值得尊重的个性。

另一个必学的实用技能是口头表达能力，你需要在观众面前清楚地解释某个创意，以及这个创意如何适用于团队所创建的"故事"。理解"故事"的重要性，以及"故事"是为哪些观众所创作的，这两点至关重要，也是我们工作的核心。

在建筑领域，懂一点艺术、建筑史以及与环境创造有关的细节非常重要。幻想工程部的建筑师永远都不会停止研究和学习，我们需要不断地充实自己的大脑，从而创造出激动人心的项目。并不是每个人都能适应幻想工程部，可一旦适应，你就一定能创造令人敬畏的奇迹，收获一生难忘的经验。

佩吉·法里斯的迪士尼事业始于迪士尼乐园，她出生于加州夫勒斯诺市，在加州富乐敦州立大学获得了文学士学位，并参加了大量的 UCLA 继续教育学院课程。不少幻想工程师都与企业合作伙伴在主题乐园中共事，担任了 38 年幻想工程师的佩吉也是如此，现在她是巴黎迪士尼乐园幻想工程团队的创意发展负责人。她最喜欢的项目是"明日世界"主题乐园。她对这个项目有特殊的情感，因为她为这个项目深入研究了"地球飞船"的历史，组织了许多会议，并成立了展馆咨询委员会。

"我还不知道……但是我会找到答案的。"

后来，我发现这句格言是马蒂·斯科克为幻想工程部制定的"基本规则"之一，也难怪它会出现在迪士尼乐园培训课程中。不管怎样，它现在成了我的口头禅，也以多种方式丰富了我的生活，因为它允许我，确切地说是命令我不断探索。

我刚进入迪士尼时面对的问题都很简单，比如"游行的时间是几点？""离这里最近的休息室在哪？""七个小矮人的名字分别是什么？"。当然，答案也非常简单："五点"，"在亚瑟王旋转木马后面"，"开心果、瞌睡虫、喷嚏精、糊涂蛋、万事通、爱生气和害羞鬼"。

我曾在华特迪士尼世界担任过会议策划，与此相关的问题可不那么简单，甚至需要专业人士才能够给出答案，比如"哪一种酒跟上等肋排更配?""让1 000名位于某地的观众转移到另外一个地方以便更好地观看烟火表演,需要考虑到哪些后勤问题以及天气变化应急预案?"。

没过几年,"明日世界"投入建设,问题也变得更加有趣了,它让我们接触到了迷人的话题和非凡的大人物,"在农业领域,世界上谁的突破最大?海洋研究呢?太空探索呢?""通信技术在过去400年里所取得的主要成果是什么?""腓尼基语是怎么样的?""文艺复兴时期的音乐家都演奏什么乐器,现在还有人弹奏那些乐器吗?"

所有这些都在教我:学习打开了新世界,创造了新的可能。它让你的观点保持新鲜,让你的想象力保持灵活。所以,你要勇敢一点,机智一些,培养惊奇感,赞美好奇心,拥抱前途未知的华丽冒险。

出发吧!找到答案!

乔·赫林顿是我们的首席音频媒体设计师,他出生于得克萨斯州休斯敦,曾就读于敖德萨学院(Odessa College)与圣地亚哥州立大学(San Diego State University,简称SDSU),认为自己"注定要教天文学"。但是对技术的热爱把他带入了广播与电视的世界,随后发展到影音制作。这位工龄34年的幻想工程师最喜欢的就是加利福尼亚迪士尼乐园"水箱温泉镇大赛车"骑乘项目和迪士尼乐园"夺宝奇兵大冒险"带来的技术新突破。

我看到很多年轻人都来应聘我所在领域的职位,其中有些是实习生,有些不是,但是无一例外,他们都很聪明、技术娴熟、活力四射，又不乏激情。他们手握各种证书，却缺乏一个关键因素——一个在这里建立未来的必须基础。所以，他们最需要知道的是什么呢？

这些年轻的应聘者大概可以分成两个类型，其中一类发条拧紧，却从来没有找到过合适的位置；而另一类则很自然地融入环境中，能与我们独特、创新的环境同步协调。

第一类人敲开我们的门，觉得自己是一颗发光的宝石，以为我们非他不可。他们的导师将他们藏在羽翼下，对他们说"你很出色"，让他们远离艰难工作、严重后果和失败的真实世界。他们怀着幻想向我们走来，无视他们不知道的东西，急切地表现他们有限的能力。

第二类人则想办法绕过了那个闪闪发光，海市蜃楼般的泥潭。很幸运，他们的导师教导他们跌倒只是人生的小插曲，而学习跌倒之后如何站起来才是获得人生成功的关键所在。他们用谦卑、辛勤的态度奠定了人生基础。他们先在社会中确认了自己的位置所在、自己的职责，随后以此为基础，不断锻炼并提高自己的技能。

前一种人觉得自己的教育水平已经足够了，而后者却明白真正的教育才刚刚开始，他们需要像海绵一样尽可能地吸收知识。所以后者态度一直都很谦逊："我来这学习，所以把你知道的一切都教给我吧。"

你想把幻想工程当成事业吗？让时间来检验，看你允许导师向你灌输什么样的价值观吧。耐心一点，听听那些值得信任的导师怎么说；看清摔跤也只是一个学习的过程；

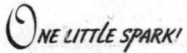

从失败中学习，屡败屡战，才是通往成功的道路；学校里的知识也并不一定是真正的学问，所以你必须保持谦逊、耐心和诚实。

来应聘的年轻人里面不乏专业技能强大的人，而且为了满足未来发展需求和保持迪士尼品牌的独特性，只有掌握了这些技能的人才有机会接受大师的教导。态度决定一切，它可以迷惑强大的技能和创造天才，也能让他们飞得更高。

索特·霍尔放弃了对音乐（他会演奏笛子、声学吉他和古典吉他、鲁特琴等乐器）和运动（他在匈牙利国家曲棍球队里待了两年）的热爱，进入幻想工程部专门负责场所营造和生产设计。他出生于匈牙利佩奇市，在布达佩斯学习了实用艺术和美术。索特在幻想工程部工作13年，现担任创意副总裁。他最喜欢的项目是迪士尼动物王国的"生命之树"，因为"它让我把国际一流的雕塑家团队集合在一起，为这棵高45米的大树精细雕刻了近300只动物"，"生命之树"拥有无尽之美，揭示了地球上许多物种之间的关联。

你想成为幻想工程师吗？你想创造奇迹吗？创造奇迹并非易事。而当你把所拥有的一切都贡献出来，让不可能成为可能，奇迹方能变成现实。幻想工程师需要抓住每一个提高自己的机会，走在最前沿；幻想工程师需要了解并运用最新技术才能在游戏中保持领先；此外，还需要时刻牢记迪士尼的历史、愿景，以及我们未来的方向。成为最优秀的，除了最好，什么都不要！

我坚信，对于任何一个全心追求梦想的年轻而有创意的人来说，没有什么比华特迪士尼幻想工程部更能让他们满足的了。一旦走进这扇门，你永远不会想离开这个世界。我曾经是最让人自豪的幻想工程师，现在是，将来也是。

谢尔比·伊格茨·蒂威尼是迪士尼创意工作室创作总监，她于2001年加入迪士尼，为主题乐园和迪士尼邮轮设计戏剧表演。她来自弗吉尼亚里士满，毕业于弗吉尼亚联邦大学（Virginia Commonwealth University）。迪士尼夏威夷度假村向谢尔比和她的团队发起了挑战，要求他们"把文化放在首位，利用当地艺术家和发言人的知识，创建一个具有'小D（迪士尼）大H（夏威夷）'美学的度假村"。

19世纪70年代，我在弗吉尼亚里士满长大，是林登·约翰逊"伟大社会"①方案的最后一批受益人。不管是莫扎特的《魔笛》和普罗科菲耶夫的《彼得和狼》的演出门票，还是佛朗哥·泽菲雷里的《罗密欧与朱丽叶》的电影票都由政府资助。国家人文基金会为公立学校委派了地方艺术家，即使是我们里士满北部的黑人小学，也有一位音乐家指导我们演奏扬琴。

为什么城市里的孩子一定要学这种用来演奏阿巴拉契亚山脉乡村音乐的弦乐器？我们在弹奏《情人渡》（Oh

---

① 1964年美国第36任总统林登·约翰逊发表演说宣称："美国不仅有机会走向一个富裕和强大的社会，而且有机会走向一个伟大的社会。"由此所提出的施政目标，便是"伟大社会"。——译者注

Shenandoah)的时候翻白眼、嘲笑奥利维亚·赫西[①]的口音，即使这样，我还是不知不觉地爱上了表演艺术。在里士满卡朋特剧院里，阿尔文·艾利美国舞蹈剧场的巡回演出团改变了我的一生。漂亮的朱迪斯·詹米森[③]表演了《哭泣》(Cry)，我从未见过这样的画面，一个轮廓优美的非裔美国女人身着白色，用舞蹈表达着悲恸和欢欣。

在大学里，只有在感兴趣的课题上我才能取得优异的成绩：小说与电影，A；自传，F。大学毕业之后，母亲让我参加了里士满市公务员考试。因为不知道自己的兴趣和才能可以运用到哪些有意义的职业上，所以我决定探索自己喜欢的领域，试图开创美好的未来。

我喜欢事物和人，于是在当地餐馆找了许多份工作；我热爱图书，所以选择了书店、图书馆，甚至文具店；最后，我参加了新泽西的行政剧场招聘会，获得了新泽西普林斯顿麦卡特剧院的编剧补助，并拿到了新不伦瑞克十字路口剧院售票处的工作。渐渐地，我的阅读和文本分析能力得到了赏识，获得了十字路口剧院剧本读评人的工作，随后成为了文学助理，最后升为文学经理。

后来我搬到纽约市，成为林肯中心剧院的剧作家助理，还在约瑟夫·帕普公共剧院当上了梦寐以求的剧本开发总监。最后，我加入了华特迪士尼幻想工程部，做了十几年主题乐园和度假村表演设计。

---

② Olivia Hussey，著名演员，因在1968年的影片《罗密欧与朱丽叶》中饰演朱丽叶而成名，当时年仅十七。——译者注

③ Judith Jamison，著名黑人女舞蹈家，阿尔文·艾利舞团总监。——译者注

现在我决定转换角色，为天才设计师做幕后工作，帮他们把游乐项目带到世界各地去。他们当中很多人的名字你可能永远都不会知道，因为他们都自豪地称自己为"华特·迪士尼"。

这里，我想说几点我的看法：

◆ 接触表演和视觉艺术会让我们全面发展、消息更灵通；
◆ 不要做任何让自己感觉沮丧、缺乏激情的事，放弃被直觉判断为歪点子的想法；
◆ 一直向前。当门被关上的时候，找一扇窗子爬进去；
◆ 别让你的母亲决定未来，她并不是每次都最了解情况。

采取一种生活哲学，选定某样东西作为路标，你在困难的时候会用上它的。我一直都遵循马吉尔·安吉尔·鲁伊斯的"四大约定"：

1. 重视言语的力量；
2. 不要把事情个人化；
3. 不要自定假设；
4. 做到最好。

丹尼尔·约瑟夫是高级特效和幻觉设计师，在 2006 年"幻想国"设计大赛中拔得头筹之后进入幻想工程部。他出生于特拉华州威明顿市，毕业于费城艺术大学 (University of the Arts in Philadelphia)。丹尼尔目前最喜欢的项目是雪佛兰的"模拟汽车之旅"（GM Test Track），

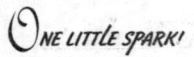

因为"我在一个非常感兴趣的主题乐园（明日世界）工作，同事们都是非常棒的人，他们是我一生的朋友"。

在华特迪士尼当高级特效和幻觉设计师的经历让我学会了用与家人和朋友都截然不同的视角看待生活和事物。从小，我眼中的世界与身边的兄弟姐妹、好朋友和父母的世界就不一样。同学们看到的是语法测试和阅读任务，而我只看到一堆弯弯曲曲的线条和隐晦的文字，所以自己一度以为我存在缺陷。很快，我被确诊患有"学习障碍症"①。一定是因为这样，我的阅读速度才比不上身边的任何人！

我非常自卑，在课堂上大声阅读课文对我来说就像吃人的巨型怪物一样可怕。我需要一个发泄沮丧感的出口，于是我开始拆卸东西，然后用这些零件制作新的物品。我会把所有能看见的东西都拆掉，旧电视机的遥控器变成了迷你升降机的指示灯；汽车发动引擎也变成了石头抛光机；一个风扇电机、一个旧漏斗和几根剥去外层橡胶的铜线就能组成停车指示灯。我就这样不停地拆卸、组装。

我开始带着它们去学校，向同学们展示并讲解这些精巧的设计和发明。不过我很快发现当我向朋友和老师讲解这些东西如何运作的时候，他们脸上出现了一种很熟悉的表情。他们会在我讲解的时候惊叹，但是却无法理解这些东西的工作原理，也很疑惑我是怎么做到的。当我意识到他们脸上的表情是困惑和尴尬时，我明白了，这些表情跟

---

① Learning Disabilities，指听、说、读、写、推理或数学等方面的获取和运用上表现出显著困难的一群不同性质的学习异常者。——译者注

我面对语法测试和阅读任务时的表情并无二致。我恍然大悟，原来不能理解我的设计和发明的人如此之多，而不能理解语法和阅读课程的人却只有我一个。这是不是意味着我很古怪呢？还是说有其他意思？

向越来越多的朋友和家人展示我的作品后，很多人都来询问我的"方法"和某些事物的"工作原理"。我开始意识到，与其说这是"学习障碍"，还不如说是"学习差异"。我还发现，有一些事情是大多数人都很感兴趣的稀罕事。

我开始明白如果我用功一些，还是可以像其他人一样学好语法、阅读，甚至数学。我也确定了自己有着别人都没有的天赋，一种值得珍惜和培养的天赋，那就是永不休止的好奇心。

迈克尔·荣格是迪士尼创意娱乐公司的戏剧发展创意执行官。他出生于密歇根州底特律市，是玛卡莱斯特学院（Macalester College）的艺术史艺术学士以及加州艺术学院戏剧导演艺术硕士。在幻想工程部的 14 年里，他参与了许多神奇的项目，但是最喜欢的还是我制作的《海底总动员》《阿拉丁》和《狮子王》等原创音乐剧。

八年前，我应马蒂·斯克拉之邀，加入了加州艺术学院校友会。于是，我对幻想工程部和加州艺术学院之间的关系有了更深的了解，知道了原来加州艺术学院是由 WED 公司用创意艺术家和设计师为华特组成的智囊团。从那以后，我便不断加强学院和幻想工程部之间的关联。

布鲁斯·沃恩在加州大学洛杉矶分校开了一个研讨会，

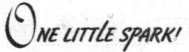

并建议幻想工程部在那里开设一个与加州艺术学院类似的项目,他的话给了我很大的启发。我们邀请教职工参观我们的设施,安排他们与我们的创意主管会面。这让我记起了华特描绘加州艺术学院愿景之时说的话:"这一激动人心的遗产是未来发展的奠基。"

加州艺术学院每年都有一个"幻想工程日",来自不同学科的幻想工程师们聚集在一起分享他们在幻想工程部的经验和体验。此外,我们还开设了"主题式和浸入式体验与设计"基础课程,由知名人士和指导员进行授课。

说来并不意外,教学本身就是分享经验教训的良机,更何况这还是一个"大师班"。所以当学生咨询关于职业生涯的建议时,我通常会提及自己的经验,并借用华特的话:"如果你一直都很忙碌,工作将会把你带到一个从未料想过的地方。所以我经常……即便不知道前路在何方,依旧不断探索。"对新经验保持开放的心态,选择最具挑战、最多成长机会的道路。

阿贝·奎本出生于菲律宾首都马尼拉北部的拉乌尼翁省,毕业于本市的圣托马斯大学(University of Santo Tomas),该校由西班牙人建于 1611 年。现在阿贝是上海迪士尼乐园概念建筑和定位总监,此前他担任了 41 年幻想工程师。他最喜欢的项目是东京迪士尼海洋世界,因为他为三个区域都作出了贡献,也很高兴能有机会与日本设计者共事。

极少人能够幸运地实现自己的梦想。所以当我 1973 年在佛罗里达州被 WED 公司雇用的时候，我感觉自己得到了幸运女神的眷顾。彼时，我一直在想：一个来自菲律宾的年轻人何以如此幸运，能得到在迪士尼的工作机会？我只能说，与行业中最聪明的人们一起设计 8 个国际性主题乐园和度假村，这样的体验真的非常华丽而刺激！

还在幻想工程部实习的时候，我得到了特权，那就是协助来自不同大学的建筑专业学生学习主题乐园和度假村设计。我们以"马蒂十诫"为指导思想，即"米奇十诫"。这些学生当中有一部分人毕业之后回到迪士尼，成为了项目建筑师、设计师和管理人员。他们大多数人都很成功，而这些成功与其敬业、勤奋和创造力不无关系。亲眼看着纸上的设计变成现实，尤其是在建造的时候能够参与到其中，或许这就是最好的回报吧！

现在我在中国上海迪士尼乐园工作，主要负责"宝藏湾"项目，这是我第四次外派。与我共事的建筑师都是聪慧的年轻人，他们一定会将迪士尼的传统发扬光大。和过去一样，这些年轻人的激情和努力一定会让这个项目取得很大的成功。在新语言和文化带来的使命和挑战面前，每个人都是平等的。

我永远感谢幻想工程部对我的信任，给了我这次机会。我也永远珍惜在这家伟大的公司与同僚们建立的深厚友谊。

兰尼·斯穆特是幻想工程师中实实在在的"纽约客"，他出生于布鲁克林区；毕业于哥伦比亚大学（Columbia University），1977 年获得该校电机工程学士学位，并于 1998 年获得了电机工程硕士学位。

今年是兰尼加入幻想工程部的第 16 个年头,他是迪士尼科研中心[①]的资深研究员,这可是迪士尼科研中心工作人员的最高技术成就荣誉称号。他最喜欢的项目是鬼屋里"招魂屋"中的"漂浮莉奥塔",让莉奥塔夫人的头逃出牢笼,绕着屋子飞来飞去。

  一个带着对科学(或任何其他专业领域)的浓厚兴趣成长的年轻人,经常会觉得这个世界再没有第二个人会和他一样,喜欢他喜欢的东西,做他做的事情。那时没有互联网,百科全书(如果你买得起的话)就是"获得新信息"的唯一途径,所有事情都需要慢慢等待。另外,由于不能轻松得到简单的答案,我们反而更加渴望知识,也更加青睐实验。

  作为刚入行的电子工程师,我们只能拆一拆旧收音机和旧电视机(把他们组装成新的小玩意),我们的卧室完全不是睡觉的地方,反而更像一家古老的电视机维修店;我们还在当地图书馆花大把的时间,试图找到更多知识填满我们的兴趣空洞;在学校,我们通常在回答科学问题的时候比较踊跃,别的孩子则更喜欢游戏或运动。

  随着年龄的增长,我们开始怀疑:这个世界上会有别人跟我们有一样的兴趣爱好吗?我们甚至都不敢想象有人能靠做这些有趣的事情谋生。

  即使在这个时候,我也依旧热爱着科学。起先,我在物理的世界里漫步;后来,一位朋友赠与我一套化学仪器,于是我便开始研究化学;不过再后来我觉得化学的限制性

[①] 成立于 08 年,是一个非正式的全球性的网络研究团体。——译者注

非常大，而且还有些脏乱。

在收到一套显微镜之后，我又沉迷于显微镜和天文学（我用一辆旧自行车换了一套更旧的天文望远镜）。大概在 12 还是 13 岁的时候，我就用那副望远镜看到了土星环，相信任何人都不会忘记那样的体验。如果我没弄错的话，艾萨克·阿西莫夫[①]也是因为同样的原因，所以终其一生都痴迷于天文学、科学和科幻小说。

这就是我成长过程中的兴趣之路，它蜿蜒穿过我的人生。但我最热爱的还是电气和电子产品。

以致辞毕业生的身份从初中毕业之后，我决定申请布鲁克林技术高中。我在高中也取得了非常优异的成绩，获得了哥伦比亚大学的奖学金，以及电机工程学硕士学位。同时我也拿到了贝尔实验室的实习机会，从此踏上了发明之路。我设计了一些先进的通信设备，获得了几项专利，最后成为了工程主管。有趣的是，真正给了我帮助的是小时候做的那些小玩意和马马虎虎的原型。

后来（贝尔系统于 1984 年解体），我从贝尔实验室转移到贝尔通信研究中心 (Bell Communications Research，简称 Bellcore)，主要负责美国通讯网络研究。我在那里玩得非常开心，想出了许多新点子，获得大量专利（离开之时共计 27 项）。后来我升任执行董事，发明了电子摄像机。

正是电子摄像机让我获得了迪士尼的面试机会，并在那里快乐地工作了 15 年。我在迪士尼非常享受，目前是迪

[①] Isaac Asimov，美国著名科幻小说家、科普作家、文学评论家，美国科幻小说黄金时代的代表人物之一，代表作为"银河帝国三部曲"。——译者注

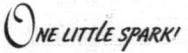

士尼科研中心唯一的资深研究员。我很幸运，能把我的技术运用在这么多主题乐园和度假区游乐项目中。我也有幸能够继续自己热爱的事业，又获得了30多项专利。

在成立索托设计公司之前，埃迪·索托在迪士尼主题乐园和度假区工作了13年。他的"演艺事业"非常令人瞩目——出生于好莱坞，深受其姑姑——演员兼主题乐园服装设计师玛丽琳·索托·埃德曼的影响，又受到了赫布·赖曼和其他迪士尼传奇奖得主的指导。最令埃迪自豪的项目是东京迪士尼乐园的"小熊维尼猎蜜记"，因为"这是第一个无轨交互式骑乘项目"。该技术还被运用到香港迪士尼乐园的"神秘庄园"和一些售票项目中。埃迪希望迪士尼能够继续"开拓米老鼠还没有去过的地方"。

我父亲曾说过："你的工作就是玩乐。"我发现创造力的第一个作用就是找到工作中的乐趣。我们很少有机会接到"伟大的项目"，所以在等待机会的同时，我们必须磨炼技能。

你需要用新的方法进行创作。你拿着工资在这里学习，不管做什么，都会让你感到满足，并且走得更远。我花了六年的时间设计欧洲迪士尼乐园的"美国小镇大街"。那段时间，我无时无刻不在思考工作，那让人无比沮丧。为了开发创意，你必须挖掘所有可以推翻的东西，质疑现状。我本想设计骑乘设施，最终却说服自己把"小镇大街"设计成了餐饮和零售中心；这次实践也让我学到了零售和餐饮设计的各方面知识，对我日后的工作有很大帮助。就像命运的安排，离开迪士尼之后，这次成功的经验让我在餐饮和零售设计上风生水起。把"小镇大街"项目的附带工作转变成"玩乐"的机会，这样的心理转变让一切变得皆有可能。

米奇·斯坦伯格于1988年加入幻想工程部，担任执行副总裁兼首席运营官，是一位公认的优秀职业经理人。他出生于佐治亚州奥古斯塔，是佐治亚理工学院的理学学士和建筑学学士以及麻省理工学院的建筑学硕士。他曾在亚特兰大波特曼集团担任了27年管理人员，该公司是一家大型建筑、规划和开发性企业。他在迪士尼已经待了6年，最喜欢做的事情就是"重整幻想工程部，让每一个领导位置上都坐着正确的人，然后把他们培养成决策人，与他们一起在规定时间内用规定的预算创造不可思议的项目"。

我在高中时就学习了建筑制图，还利用课余时间为一位建筑师打下手。开始只是做一些诸如打扫卫生之类的杂务，等到毕业的时候，我已经可以处理房屋施工文件了。建筑师很喜欢谈论他们设计的空间和业主的评价。看到自己设计的房屋真如预想的那样改变了人们的生活，也是一件趣事。

后来，我进了佐治亚理工学院，选择了建筑学专业，并在毕业之后参军4年。退伍后的我又回到校园，拿到了佐治亚理工学院的建筑学学士以及麻省理工学院的建筑学硕士学位。

几年之后，我看到年轻的建筑师约翰·波特曼用心建

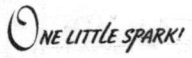

造伟大的建筑，于是说服了这位美国建筑师协会会员雇佣我。他是一个特立独行的人。如果他想要创造出真正优秀的创新空间，那他一定会亲自上阵，自行开发，毕竟没有业主愿意以建筑项目为赌注，冒险尝试新创意。波特曼不停地解释，称他创造建筑是为了供人们使用，而不是为建筑评论家提供谈资。随着时间的推移，我们的项目虽然存在些许争议，但依旧凭借着其创新空间设计得到了大众的认可。

我为约翰工作了27年，在那期间，我们满世界开发并设计各种项目，用这些项目改变人们的生活。那个时候，我是波特曼公司的核心人物，也领导了许多改变生活的建筑项目。

多年来，我一直住在亚特兰大，也多次参观过迪士尼世界。我的孩子们把幻想工程当成了真实的世界。我的妻妹非常喜欢"明日世界"，因为她没有办法环游世界，但是"明日世界"里的"世界橱窗"展示了很多世界景观，就好像自己真的游历过一样。我想，除了幻想工程师以外，再也没有人能用创造力和想象力创造出改变人们生活提升人们幸福感的东西了。

1988年，我接受了迪士尼的管理职位，加入了这个最有深度、最多才多艺的团队。这些人不断地创造各种项目，对游客的思维和想象力产生了巨大的影响。后来，我从幻想工程师身上学到了一个新词，那就是建筑师首先要学习的东西——解除怀疑。这就相当于让大家相信，即使现在没有成功案例，小儿麻痹症也是可以治愈的。如果众人能够在短时间内打消疑虑，相信自己，那么其信仰就会产生巨大的改变。

我相信，没有人比幻想工程师更擅长让人们解除怀疑了。在那么一段时间里，虽然孩子们知道自己还在佛罗里达，但他们还是会以为自己正置身于梦幻国度；在那一瞬间，我的妻妹也清楚地知道自己在佛罗里达，但还是觉得自己仿佛到了巴黎。

人们在波特曼建造的大厦里也有同样的感受，尽管知道自己身处亚特兰大、纽约或者其他建筑所在地，他们依旧会觉得自己在某个特别的地方。

这些人能创造出短时内改变人们生活的建筑，能与他们共事我感到非常兴奋。幻想工程师在工作的时候都会先解除怀疑，深信自己正与最有才华的人合作，经历着创造神奇之境的美好时光。

多丽丝·塔特生于匈牙利布达佩斯，曾在佐治亚州肯尼索州立大学学习布景设计，并获得了加州艺术学院场景绘制的艺术学硕士学位。她已经担任了两年幻想工程部的三维设计师（其中一年是实习期），最喜欢做的是"绘制上海迪士尼乐园整体模型"，因为"它让我意识到要想把一个庞大的故事变成现实、创造奇迹，需要掌握许多学科知识。这一直是幻想工程师在做的事情"。

我喜欢讲故事，而色彩又是叙述故事发展最有力的视觉元素。色彩让我感觉快乐，就那么简单。我的作品进了幻想工程部的橱窗后，我便获得了实习机会，并在一年之

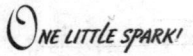

后成为了一名全职幻想工程师。

这趟旅程并不轻松。当我决定攻读艺术学硕士学位的时候,很多人心存疑惑。他们都觉得这个决定非常糟糕,毕业以后我肯定找不到体面的工作,甚至可能养不活自己,但他们都错了。你知道最有趣的是什么吗?我自始至终都知道自己可以靠爱好谋生,所以我从来不听他们的劝告,别人的批评并没有影响到我,让我产生任何想放弃的念头,因为我拥有自己的信仰。

怀抱艺术梦的人,我想给你们一些我这一路走来的经验教训,希望你们能为梦想拼搏。

1. 坚持己见。

2. 不要气馁。人们在抵达成功之前总是要经历几次失败,失败只是说明时机不对。振作起来,相信自己!

3. 面试的时候,别迎合面试官,说他们希望听到的话。说一说你热爱或者让你感觉快乐的事情。

4. 如果你真的对某件事情充满激情,那你就掩饰不住激情。别人会注意到,你的工作也会替你说话。

鲍勃·韦斯,华特迪士尼幻想工程部创意执行总裁,负责迪士尼上海园区的游客体验创意与设计。他在幻想工程部工作了 25 年,为东京和奥兰多的迪士尼乐园设计了许多项目和景点(曾负责迪士尼好莱坞影城的开发工作)。

鲍勃出生于加州波莫纳,是波莫纳加州理工大学的建筑学学士。当被问到最喜欢的项目时,他答道:"这个问题很难回答。我曾做过许多有趣的工作，现在正在设计迪士尼第六座城堡主题乐园。作为一名领导过迪士尼乐园设计的幻想工程师，我可以把这个城堡改造得跟中国迪士尼那样充满活力，不过可能很难超越中国迪士尼。其历史和文化真的非常令人惊艳。"

　　1976年暑假，我在迪士尼乐园找了份工作。我很自豪自己成为迪士尼的一员，进入迪士尼乐园、了解其运营方式让我学到了很多。此外，我还了解到迪士尼里面一个名为WED的神秘组织。

　　辞掉暑期工作之后，我再也没有听过跟WED有关的只言片语。直到我完成了关于戏剧和建筑的毕业论文答辩之后，WED公司竟然在波莫纳加州理工大学招聘新人，而我又很偶然地碰到了他们的代理人！

　　当看到WED那一群艺术家和设计师在挤满了模型和手办的仓库里时，我便决定那是我唯一要去的地方。

　　我承认自己非常幸运，一毕业就有工作。但是我最初的职位并不是设计师，而是第一家国外主题乐园——东京迪士尼乐园"起重"项目的协调员。

　　我开始学习幻想工程项目中的一切，并且尽可能地结识英才。这也是给每一位幻想工程师的建议。幻想工程部就像是一所小型大学。里面有许多有趣的人和奇怪的部门。你从他们身上学到越多，创新和超越的可能就越大。后来，我凭借着在各个大厅里"晃悠"得来的知识，获得了负责迪士尼好莱坞影城、东京迪士尼海洋世界以及上海迪士尼主题乐园的设计机会。

我在国外的工作经验告诉我：对外开放让幻想工程部更多姿多彩。将目光集中在正在发生的每一件事上，不管是对迪士尼内部还是外部来说，都非常重要。华特是一位了不起的同化者，他环游世界，然后带回不同的思维模式，思考新点子。

你不一定非在加入幻想工程部之后才这样做。到处都有艺术家、实验室和有趣的新项目，你可以从他们那里学到许多经验。把你所学到的东西记录下来，然后思考它们对你有何启发。

每一项了不起的工作都需要大家同心协力，所以你需要建立一个多元化、内外兼修的团队。当你处理不可能的任务时，你会庆幸自己身边有那么多疯狂的思想者。

我最喜欢的一句话是：

问：安装一个电灯泡需要用到多少名幻想工程师？

答：为什么是电灯泡？

库尔特·温在幻想工程部的职位是建筑主管，他出生于弗吉尼亚州诺福克郡，曾求学于加州大学伯克利分校。他在幻想工程部工作了24年，其标志性设计项目包括欧洲迪士尼乐园的"恐怖之塔"、香港迪士尼乐园的"竹篙湾地铁站"、日本迪士尼海洋世界的"美国海滨"以及迪士尼好莱坞影城的"日落大道"等。库尔特最近刚完成了上海迪士尼乐园的中心坐标——"奇幻童话城堡"。他之前最钟爱的项目是迪士尼加州探险乐园的"博伟街"，因为"它成功地为主题乐园入口营造了一个有趣的沉浸式环境，把主题乐园的故事和华特·迪士尼的生平故事结合在一起"。

1990 年 10 月 5 日，我和其他 20 名"新幻想工程师"一起来到了"大 D"自助餐厅，准备与马蒂·斯科拉和约翰·亨奇会面。约翰询问队伍里面有没有建筑师，我举起了手。约翰问我知不知道迪士尼乐园的四层细节，我表示不知道。约翰告诉我："第一层就是站在乡村外，透过树枝桠看到教堂尖顶；第二层是在小镇上俯瞰街道，你能看到街道、中线、林荫大道和房屋；第三层就是站在路边观察房屋，你会看到房子、墙面、屋顶和镶边门窗的特点；第四层就是走到前门那里，抓着门环，看看它的精细做工，感受它的温度，用它敲门的时候估测它的重量……多数人都很擅长观察前面三个层次的细节，但在迪士尼的建筑师必须达到第四层，这样我们才能创造出沉浸式的环境以支撑我们所设计的故事。"

这条建议对我之后的项目帮助非常大。

对可能成为幻想工程师的建筑师们，我有几点建议：

画草图，用烟囱或任何讨喜的形状记录你喜欢的东西；思考你为什么会喜欢这个东西？你不喜欢或者厌烦的东西是什么？你不需要成为一位评论家，只要想想就好了。把手边的东西记录下来，而素描和绘画是非常好的记录方法。

我们通常都会画自己喜欢的东西，那么不喜欢的呢？像那些丑丑的巷道和电线杠，有没有办法把它们画得更好看一些呢？在这个过程中，你做了什么呢？这个有趣的小游戏能帮你加强艺术鉴赏力，而这在幻想工程部里相当重要。比例分割和构图理论的研究也同样重要，不少书都与这些主题有关。

许多学生都想一手拿毕业证,一手拿幻想工程部的录取通知书。但我不是,也不建议任何人持这样的想法,因为这里的工作非常专业。如果加入幻想工程部之前拥有广泛的实践经验,你将受益匪浅,并在幻想工程部的工作中如鱼得水。

多丽丝·哈同·伍德沃德是土生土长的中国香港人,其父母都是1949年移居香港的上海人。她毕业于加州艺术学院奥克兰分校,获得了制图美术学士学位,并于1979年加入幻想工程部,负责"明日世界"中"大地馆"的相关工作。分段多丽丝现在是上海迪士尼乐园的高级主管、监制(事实证明衣锦还乡是可能的)。她最喜欢的项目是加州迪士尼未曾实现的西海岸版"明日世界"——"西部世界",因为"这个项目里蕴含了丰富的故事、多元化构思、构造、初始概念、国际化设备以及了不起的团队,让我们享受了最美好的时光"。

多丽丝的建议主要有六个要点:

◆ 传授秘诀——一切始于故事;
◆ 保持热情;
◆ 对你的希望和梦想充满信心;
◆ 不要让别人影响你的责任感和想象力;
◆ 在学校的时候多参加几次实习;
◆ 万事开头难;如果没有遇到好的机会,那就自己创造条件迎接机遇。

苏珊·扎瓦拉出生于格兰岱尔市,曾在格兰德勒社区学院、帕萨迪纳城市学院、瓦伦西亚社区学院以及帕萨迪纳艺术中心设计学院等学校求学。她加入幻想工程部已经25年，接手过许多项目。现任设计资产专家，主要负责项目设计并植入新数字系统和程序。

1988年，我被临时分配到幻想工程部，踏入了迪士尼的幻想世界。带着与生俱来的创新天赋、对知识的渴望、无限的激情，我来到这里继续我的求学生涯。很快，我被正式雇佣了，负责艺术家和创意部门现场表演的幕后工作。

于是我开始专注于艺术、商业和计算机等专业，试图继续我的求学生涯。在加州担任幻想工程师的前6年里，有5年时间我都在加州、奥兰多和佛罗里达州等地的大学就读，中间还多次更换所学专业。

2000年以后，我回到了加州海岸。这么多年来，我的职业生涯走过了最精彩、最意想不到、最有创意、最具挑战、最令人兴奋以及最独特的一条道路。我的职位也几经更换，助手、创作、制片人、创新者、表演者、梦想家、鼓励者、鉴赏者等，有时还需要身兼数职。

不管你有没有坚定的梦想，还是仍不确定大千世界里到底什么才最吸引你，我都想跟你分享我的经验：如果你所追求的东西与你最初的设想不一样，别惊讶。收获可能不如你所料，它也许会是团队合作、头脑风暴、创新，或是乐趣，又或者这只是因为你所处的环境是全新的、出乎意料的。改变是定律，也是你一生中最刺激的体验之一。华特曾说过要做一个"对一切充满好奇的人"，所以我们要经常提问。

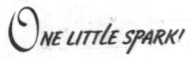

　　你应该试着用全新的、前沿和创造性的思维看待那些普通的、熟悉的事物；发现人们最好的一面，加入优秀的团队；永远不要放弃自己，当你急躁的时候，放轻松；学不止步，在学习的时候保持良好的态度；随身携带笔记本和画板，记录你是多么有创意，多么才华横溢，因为你的确如此！

　　最重要的是，别忘了玩得开心。如果你遇到任何障碍，请记得任何难题都有多个解决方案，也许这个世界正等着你去创造全新的东西！

　　愿你所有的梦想都能成真；愿你在旅途中碰上意想不到的奇迹；愿你的生活远比想象的更美好！

　　其实几个月前，我在策划这本书的时候，想把它打造成"一封来自马蒂的信"，讲一讲"通往幻想工程部的道路"。前文 70 余名幻想工程师的参与完美地实现了我的梦想和希望。

　　我知道两位幻想工程部核心人物都忙于处理世界各地的迪士尼乐园新旧项目，包括所有迪士尼的陆地项目、海上项目、主题乐园、度假村、技术和研发支持等，所以一直在犹豫要不要找他们参与这个文字沙盘游戏。但是最终，在游戏快要结束的时候我还是问了他们，两位都立即回应称："我们也想玩！"所以，我在这里放上幻想工程部领导者的感想和经验，作为"特殊的信"的总结。

　　克雷格·拉塞尔，31 岁，幻想工程师，出生于加州兰卡斯特，是 UCLA 工程学学士。克雷格负责所有施工图的设计以及项目的实施，是首席设计和项目交付执行官。他最喜欢的项目是东京迪士尼乐园和海洋世界。克雷格是社区服务的领导者，他志愿加入南加州"仁人家园"[1]并担任组织官员。

给有抱负的幻想工程师

想成为幻想工程师的人们，我想给你们以下几点建议：

世上根本不存在特地为幻想工程师准备的课程和专业清单，艺术、技术、管理，我们集合了多个不同的学科。戏剧设计师、技术人员、建筑师、美术师、工程师、科学家、建造者和管理者等聚集在一起，才组成了这个神奇的团队；

我们所做的一切都以"故事"为蓝本。我们是一间极具创意的工作室，致力于最佳创意的蓬勃发展；

幻想工程的核心是一项需要高度合作的团队运动。那些寻求个人贡献和名誉的人在这里只能感到挫败。只有让身边人成功的幻想工程师才能脱颖而出；

幻想工程师对"令人惊叹的项目不是独自一人就能完成的"有着深刻的认识和理解。我们还懂得如何推动项目以及如何发展，实现项目计划的方式，这样就最大限度地提高了全球影响力；

幻想工程师只追求卓越。这间工作室并不适合那些想做简单工作的人。它是一个充满激情、追求卓越的地方，这里创造的只有非凡成就。

最重要的是，幻想工程部的人都希望自己能为全球各

---

[1] Habitat for Humanity，享誉国际的非盈利慈善组织，与受助家庭、当地小区团体及义工等携手合作，致力消除贫穷住屋问题。——译者注

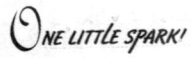

地数百万人带去幸福和欢乐。幻想工程部的信念非常简单：快乐的人让世界更美好。我们有幸而且有责任为全世界创造快乐。幻想工程部的工作绝不是最简单的工作，但一定是最具挑战、最值得你为之奉献的工作之一。

布鲁斯·沃恩在幻想工程部工作了30年之后，于2007年被任命为首席创意官。布鲁斯出生于纽约萨格港——一个"被文学浸淫"的小镇，是科尔盖特大学的美术学学士。

布鲁斯最初的职业是律师，直到"我发现自己的兴趣原来是在娱乐行业"。他在幻想工程部最钟爱的项目？"当然是我正在做的这个！如果非要挑选的话，我会选迪士尼的'幻想'号和'梦想'号游轮。对我来说，没有其他项目比这两个更能体现幻想工程部的综合能力了。特等舱、餐厅、水池、现场表演、商品店、儿童乐园和甲板上的活动，彼此都相互关联，其他主题乐园和项目都做不到这些。我们甚至还设计了船员的宿舍和生活区，因为只有船员才与我们一起生活。两艘船长约304米，重达14万吨，可容纳5 000名游客和船员。它们非常出色、又充满创意和趣味，是典型的迪士尼风格。"

"幻想工程部？哪有这种说法？"

1993年，一个组织兼并了我所在的小型视觉特效公司，迪士尼人力资源代表告诉我这个组织的名称是"幻想工程部"，我说了上面这句让她很不解的话。

"你现在就是幻想工程师了！"

她表现出来的狂热让我意识到自己也应该兴奋一点，或者为这份新工作感到荣幸。与接下来20多年里认识并共事的幻想工程师不一样，我在来到这里之前完全不知道"幻想工程部"是什么。其实在这里工作的第一周，就有人问我最喜欢的迪士尼项目是什么，我如实地承认自己从未去过迪士尼乐园。我在纽约长大，家庭旅行都是去参观内战战场、博物馆或走访亲友。于是公司立刻给了我一个长长的项目和表演清单，安排我登上了前往奥兰多的飞机。

第一次参观迪士尼世界简直让我大开眼界！坦白说，一个人在这个为团体设计的游乐场所游玩有点奇怪，但是整个乐园的规模、细节设计和史诗级的设计手法让我感到非常自卑。那天晚上我给父母打电话，说："你们是最完美的父母。不过如果在我9岁的时候能带我玩'小飞侠'的话，你们就能成为超级英雄了！"

旅行回来之后，我深信设计的力量，也为自己是为人们创造幸福的人群中的一员而感到自豪。实际上，我成了幻想工程部的学生。

幻想工程部不仅仅是一个组织，更是一种文化。这种文化是由卓越的创新者和多元娱乐奇才带来的。他们发明了一种独特的设计过程，它根植于乐观主义、实干精神，深信世上没有坏人、每个人都渴望得到幸福和快乐，以及设计能为人们带来美好。我们谦逊地跟在他们后面，坚持他们60年前所提出来的设想和信念。

尽管幻想工程部包含了140多个学科，但是所有学科的幻想工程师都有一个共同点：热爱自己的事业。幻想工程师都遵从自己的追求和想法。他们出现在办公室或施工现场并不是因为工作需要，而正是因为他们关于将想象和创造力变成现实的追求。幻想工程师充满激情。

通往幻想工程师的道路不是固定的。我在大学里学了文学和美术；我旁边的同事学的是机械工程，却担任创意指导和制片人的管理工作；还有一位首席科学家，他是土木工程学士、环境科学博士，说着流利的法语和汉语，还会弹布鲁斯吉他。

我自己也曾做过许多工作：为"明日世界"某个展馆的小短片写过剧本，做过音频剪接师，领导过研发团队，最后到现在的职位——首席创意执行官。我从未预料过自己会做这些工作。原来，向莎士比亚学习就是我成为幻想工程师的最佳途径。

幻想工程师是多面能手，为幻想工程部带来了许多宝贵的财富。他们在学校习得的技能只是他们价值的一小部分。工作以外的爱好和经验与多元化的思维同样重要。幻想工程师热爱这个丰富多彩的世界，他们沉迷于各种文化、浩瀚的宇宙和精彩绝伦的大自然。

幻想工程师是特定专业领域内的专家，但也对了解甚少的领域充满好奇。好奇心、冒险精神、新奇感是幻想工程师的特征性素质。我们永远不会停止学习的脚步，永远不会厌倦新知识。

如果你要问我成为幻想工程师该学习什么，我的答案很简单：学习你最感兴趣的。只要有机会，就去旅行吧；每天都走过的地方也需要停下来细想；即使是最平凡的经历也是一次学习的机会；到任何地方都怀着"为幸福而设计"的信念，为人们创造最棒的体验。

很多人都认为幻想工程师就是主题乐园的设计者。而实际上，我们设计了游乐项目，也设计戏剧表演、盛大演出、酒店、邮轮、商场、餐厅、浴室、汽车、灯具……只要你能说出口，幻想工程师都能设计，或许已经设计过了。不过，所有的一切都围绕着我们的真正产品：顾客体验。

是的，幻想工程师设计这些是为了让人们体验快乐，为他们创造一生难忘的珍贵记忆。那么如何成为一名幻想工程师？你只要遵循自己的内心，保持好奇心，坚持你的梦想并关注如何把它变成现实。还有，别扼杀了你内心的那份童真，它会是你实现梦想的最佳向导。

听从你的内心，总有一天你会找到你梦寐以求的快乐人生。如果成为幻想工程师就是你的梦想，我相信你会成为我们团队的一员，为人们创造更美好的世界，为人们带来幸福快乐。

特别来信："我"多希望自己一早就明白

在请求幻想工程师"为那些想要投身于你的行业的年轻人，简单地写几句、几段甚至一页"时，我并未料到，自己是打开了一个回忆与建议的泄洪阀。少数人回复的内容远远不止一页。其中一位，几乎是发了一篇主题乐园设计的博士毕业论文过来！好吧，有点夸张了。但凯文·拉弗蒂确实给我回了整整7页的长篇大论！

出生于好莱坞的凯文，毕业于富勒顿市的加利福尼亚州立大学，立志成为一名动画设计师。但在"通往幻想工程之路"一章中就提到，他是以迪士尼乐园广场餐厅洗碗工的身份，开启自己的迪士尼之路！现在，这个"不幸"的开局已经过去36年了。

后来,在领导完成"汽车总动员乐园"项目,尤其是在完美打造出了加州冒险乐园"水箱温泉镇大赛车"的几年后,凯文成为了一名执行创意主管,而他现在负责的是计划中的第二座香港迪士尼乐园的设计与开发工作。我在写这本书时,这个秘密(代号"快乐项目")尚未公之于世。

凯文作为一名作家、制作人和开发者的天赋,正是迪士尼传奇项目所需要的。他堪称幻想工程师的典范,既是无私的团队合作者、创意源泉,也是年轻人的导师。他身上具备我之前所述的所有品质。充满激情、喜欢合作的凯文是一名很受欢迎的职场导师,他每时每刻都惦念着新概念,并将它们付诸实践。

读完凯文的 7 页"随笔"后,我很快就意识到它是这本书的完美结尾。因此,在英文版的"结语"中,我特别放上了他写的名为《我多希望自己一早就明白》(*What I Know Now I Wish I Knew Then*)的文章。

我多希望自己一早就明白

马蒂·斯克拉总是说华特·迪士尼一只脚踩在过去,一只脚跨进未来。作为一名资深幻想工程师,这也是我对现在的自己的感觉。1978 年,我刚加入 WED 公司时,世界上还只有两座迪士尼主题乐园。现在主题乐园已经有 11 座,外加许多迪士尼水上乐园、度假区和游轮等。一路走来,迪士尼幻想工程在屡屡创造奇迹的同时,也犯过一些错误。经历多年磨炼后,我终于明白,在开启新项目前,我们一定要记得从过去的成败中汲取经验教训。知道什么奏效,什么不管用，以及小心筹划未来的每个环节。

从过去汲取经验教训和沉溺于过去完全是两个概念。有的人希望幻想工程师能够重新创造出现实中已经不存在，但仍存在于他们美好回忆里的东西，比如1967年的迪士尼"明日世界"。有意思的是，如果在50年后的今天照原样重建当年的"明日世界"，它实际上会变成"昨日世界"。对今天的幻想工程师而言，谨记昨日的经验教训非常重要。

究竟是什么让人们对过去的迪士尼项目至今仍然念念不忘？又是什么，让今天的迪士尼项目取得了巨大的成功？这两个问题的答案，都能从迪士尼幻想工程前辈确立的基本设计原则中找到。尽管这并不是说，我们什么事情都必须谨遵祖训，不得有任何创新，但那些超越时代限制的原则的确也能让今人受用无穷。

故事的历史，几乎和人类历史一样古老。因为只要人类存在，就有新故事要讲。而那些最优秀、最经典的故事，在其核心深处，总是有着一种相似的结构。我花了许多年，才慢慢地就如何创建一个成功的新景点或新乐园形成一套自己的理论。正是运用这些理论，我们才能成功地在遵循迪士尼设计原则的基础上，上演一幕幕思想深刻、形式精彩的戏剧。以上种种可以总结为一个词，那就是表现力（Showmanship）。

真诚和真实

虚构无罪，但伪造就不对了。加州冒险乐园开园时，门口立着一座仿制的金门大桥，旁边是一片"大海"，海上

漂浮着布满尖刺的金属太阳，背景则是当时最时髦的流行音乐，和游客驾车前来时在车上听的音乐差不多。实际上在开园当天，我们验证了一个世所罕见的大胆猜测："只要你建好，就有游客来。"游客确实来了，但很多人都感觉有些失望。他们原本以为自己会像来到迪士尼乐园一样，恍惚间置身于一个异次元世界。

然而，加州冒险乐园大门的种种迹象表明，他们的目的地是个不真实的地方。后来，"博伟街"的出现改变了一切。"博伟街"让加州冒险乐园的入口变成了仿佛来自另外一个时空的温暖而真实的地方。尽管"博伟街"完全是我们虚构出来的，但它的设计和细节，确实有着现实的基础：华特提着箱子带着梦想，第一次抵达洛杉矶时，产生了"博伟街"的设计灵感。没有尖锐的金属，没有违和感，没有视觉侵扰，没有让人出戏的元素。这种纯粹的表现力，为迪士尼乐园带来了一个真实可信的故事，并以温暖、欢迎的姿态，让游客可以安心抛下世俗的烦恼，全身心地走进眼前的魔法世界。

时间和金钱

永远不要以预算驱动创意，而要让创意驱动创意。但我并不是要你在工作中天女散花一般，不考虑成本。你应该负责任，并根据已确定的预算展开工作。但无论价格多少，好的设计就是好的设计。我们的游客永远不会说，"我喜欢那个景点，因为幻想工程师按期交工了，且没有超出预算"。游客只会因为景点本身很棒，自己玩得很尽兴，才会热爱它。

在工期中，如果出于某种原因，你感觉自己可能要交付一个很平庸的项目，那么无论是否超出预算，请马上中止并重新部署、思考。一定要永远朝着"杰作"的方向前进。

枢纽辐射

从游客流动的角度看，以城堡为中心的神奇王国非常成功，因为它遵循着迪士尼乐园"枢纽辐射"的初始理念。作为一个座人惊叹的标志性建筑，城堡吸引着我们穿过小镇大街，来到一个位于公园正中间的中心广场。以广场为中心，像车轮辐条一样辐射出许多小径，通向各个不同主题的景点。但每位游客都知道，所有的路最后都通向城堡。城堡就是天空中的北极星，引导游客分辨回家的路。所以，游客总是会和自己的亲人或朋友说："咱们中午城堡见。"

这么多年以来，游客们早已习惯在迪士尼乐园中轻松愉快地找路或决定目的地。我们特意将路线设计得简单明了。但迪士尼动物王国开园时，它的入口确实把游客们搞得晕头转向的。四处曲径通幽，周围的风景也在各种障碍中若隐若现，游客们根本不知道该朝哪边走。

动物王国的设计意图，是想让游客快速沉浸到枝繁叶茂的大自然中。但讽刺的是，想象中的探索感和冒险感，完全被"找不着北"所取代。在我看来，设计一些模棱两可的道路或视觉磁石，还不如没有。

谨遵规则

在各个方面，都要忠于你所创造的时空。一个视觉违

和元素，无论多小都能让一切努力打水漂。有一天，我游走在迪士尼乐园边域世界，那里的杂货店从远处看与环境融合得非常完美，让我恍然间感觉自己真的置身于两百年前那个波澜壮阔的西部世界。但当我走近一瞧，除了印在地上的马蹄印和极度逼真的老西部木板路，我突然被某样东西拉回了现实，直接出戏了。为什么？在古老的西部杂货店的橱窗里，居然挂着几十双粉嘟嘟的人字拖！这究竟是什么鬼！我恨不得马上报警！

团队合作

里根总统有言："如果不计较功劳，我们就能够创造出伟大的奇迹。"

忘掉功劳，忘掉自我，忘掉对名利的追逐。迪士尼乐园最出色的景点，均出自那些拥有共同愿景、相互依赖扶持，追求客户体验到极致的紧密团队之手。当一个团队的成员相互鼓舞、启迪，心无旁物地致力于实现某个伟大的创意，奇迹就注定会发生。一个火花塞不足以让一辆车跑起来，团队合作才是驱动整辆车的发动机。

倾听

倾听迪士尼乐园里的需求和渴望。你可以仅因为有趣而设计一些不切实际的东西，但除非恰好迎合游客的需求，否则它只能永远躺在抽屉里不见天日。"暴风雪沙滩"之所以建成，是因为迪士尼世界正好需要一个新的水上乐园。玩具总动员"疯狂游戏屋"之所以存在，是因为迪士尼乐园度假区想要一个新的亲子游戏景点。

倾听你的同事。尊重他们的想法和见解，并予以反馈。虽然你们未必在同一个项目上合作，但大家都是同一条船上的人。迪士尼幻想工程的失败，就是我们所有人的失败。迪士尼幻想工程的成功，就是我们所有人的成功。

倾听你的上司。哪怕一开始你并不觉得他们的建议或命令有何明智之处，请保持开放的心态。在动物王国开发早期，我向迈克尔·艾斯纳提到过这样一个点子：让《狮子王》里的山魈拉飞奇在"生命之树"中带游客领略一场让人印象深刻的动物王国总览。然而迈克尔并不买账。相反，他建议设计一场介绍昆虫的节目。当时我心想："我们为什么要在动物王国里展示那些臭虫子？"但我保持了开放的心态，就在翻开第一页研究昆虫的书籍时，我被惊呆了。上面赫然写道："10亿亿昆虫，占动物王国80%的席位。"

倾听你自己。如果你内心的某个声音觉得自己的工作或项目有哪个地方不够完美或不对劲，或你突然觉得某个点子会非常的特别、有趣，两种情况下，你都应该进行相应调整。如果某个点子不会让你疯狂起来，就永远不要在它上面浪费时间。如果某个项目有好几种备选方案，一定确定下来，哪怕是在你心目中好感度最低的方案，你也愿意全身心投入。或者，更理想的情况是，不要出现好感度低的备选方案。

研究、研究，做更多的研究

努力成为各个方面的专家，包括主题、人物、时空等。

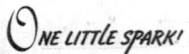

进行大量的研究，力求将每一个景点打造得真实可信。

一针见血

从构思能力的角度而言，最困难的事情是将某个创意总结成一句话。完成了这个任务，说明你已经度过了最艰难的时期。这些基础工作需要你对项目有着透彻、完整的理解。做好这些之后，你就能把它明白无误地传递给同事。

迈克尔·艾斯纳曾担任 ABC 电视台的执行创意总监，无数写手、作家都争相向他展示"电梯演讲"，推销各自的电视和电影剧本。出于对这种一针见血的"简述"的好奇，我曾问过他是否记得某个最快速、最轻松打动他的电影创意。"好吧，"他回答，"那部电影的创意是这样的：一架载满盲人乘客的飞机在山顶坠机，乘客们必须找到下山的路。"我瞬间懂了。那就像"暴风雪沙滩"，在某场诡异的暴风雪袭击后，佛罗里达中部建起了滑雪胜地，但后来毒辣的太阳又回来了，导致滑雪跑道开始融化。

用速读视觉元素讲故事

简洁，是设计一个优秀的主题乐园的秘诀。有时候，你只有 4 分钟的时间讲述整个景点的背景故事。香港迪士尼乐园的"迷离大宅"就用简洁的视觉元素，在最短的时间里完美展现了自己的背景故事。大宅对面，是一个小小的火车站，和一条直接通往大宅后"交货"站台的铁路。铁路上停着一辆小车，车上坐满了充满异国情调的古代人。这个景点的背景故事很简单：一群古代人复活了。

你不能洋洋洒洒写上 200 页的背景故事，并期望每位游客都有耐心细细品读。你必须学会舍弃一些自己喜欢的东西，让故事变得更好，更简洁，更易于理解。"水箱温泉镇"的每个场景实际上都只有 10.4 秒的出场时间。"板牙"每 10.4 秒开出来一次，向经过的游览车致意。每天如此重复 24 小时。

在每个角落和缝隙，寻找讲故事的机会

幻想工程师贾森·格兰曾接到一项任务：在迪士尼世界神奇王国某个以女海盗为主题的商店里面，设计一扇更宽的门。

官方是出于安全考虑做出这一决定的。贾森可以神不知鬼不觉地直接把门加宽 0.6 米，没有任何游客会察觉到异样。然而，贾森把它当成了一个千载难逢的讲故事的机会。现在，那扇门的确更宽了，但看上去是被一颗仍然镶嵌在墙上的炮弹炸开的！

所有展出元素的完美交响

唯有全部项目元素演奏出一曲完美的交响乐，迪士尼幻想工程的真正艺术才算大功告成。所有东西的细节都很丰富。但即使某个发声机动动画人偶功能很多，也并不意味着它要像抽风一样，展示它的所有能力。它们是演员，要配合舞台行动。舞台照明设备再漂亮也不能喧宾夺主，它的唯一任务，就是将观众的目光吸引到正确的地方。如果所有灯光同时亮起，观众根本不知道应该盯住哪里。

在舞台上,一定要营造出能够让观众找到重点的场景。如果游览车上的游客每经过一处景点都必须回头找重点,那么你所做的一切努力就只能宣告失败。你必须把握声音的微妙平衡。背景音乐、声音特效和人物对话,永远不应该相互冲突,抢夺观众的注意。任何东西都不应该纯粹为了炫耀科技而出现。科技应服务于景点,而非成为景点的主角。

优秀的剧场

讲故事的艺术,是时刻让你的听众处于"魔咒"之下。如果出现了某个违和或让听众出戏的元素,你就完蛋了。好的剧场设计和舞台布景会让你事半功倍。如果一幅巨大的风景画就能创造出木板墙或窗外都市风景的感觉,你就没必要动真格去建造相应的三维模型。而如果不得不建造三维模型,你就要倾尽全力,让它看上去非常逼真。

永远不要把观众的目光带到你不想让他们注意的地方。巨大的景点中,肯定会布满丑陋的必需物品,如空调系统管道、天花板和高架电缆管道线路。如果你想让那些丑陋的东西消失,就一定要确保它们不会引人注目。

伟大的景点要讲究节奏与韵律,快慢结合,大小相宜,错落有致。如果一首交响乐,从头到尾都是用一种乐器、一个音调演奏,观众宁可选择不听。

和谐的艺术设计理念是关键。选择一个通俗易懂的视觉设计风格,然后坚持到底。记住,如果同时出现4个风格迥异的人物角色,那么景点的可信度就直接降到谷底了。

安心

优秀的主题乐园，一定能让游客经历一种平常不可能产生的体验。我属于那种死也不会去坐滑翔机的人，但我爱迪士尼乐园的"翱翔加州"游乐项目。它在把恐惧感降到最低的同时，让我体验到了坐滑翔机的感觉，这样的体验令我终身难忘。

小小世界

要心怀敬意，带着想象力去进行设计，让世界上所有语言和文化背景的人，都能体会到其中的快乐。

实战出真知

没有任何东西比实战经验更能让人开阔思路、优化问题解决方案、形成出色的设计直觉了。想成为最好的自己，你必须作为团队的一员，从头到尾完成一个项目，直到开园那天为止。无论你有多大的天赋，多敏锐的直觉，它们都无法撼动项目经验的重要性。

知道应该什么时候停止

迪士尼幻想工程是一台巨大的机器，一旦按下开启某个项目的按钮，就会带着专注、热情和目标全速前进。它将许多人的头脑和双手联结起来，为同一个梦想而努力，因此，无论来自哪个学科，团队成员都必须从头到尾用自己的专业眼光与知识，对项目的各个方面负责到底。

一旦所有人的工作交织在一起，就经常会出现牵一发而动全身的情况。很小的变动,也可能导致巨大的损失。做点修改是可以的,但如果在项目中途,你需要将某个核心部分推倒重来,那就说明项目的基础理念并不牢固。前期工作一定要做扎实、透彻。整个设计阶段结束后,就不要再反复设计、过度思考了。吹响号角,将你的军队集结在一个坚固可靠的设计理念周围,然后宣布:"我们就走这条路!"

负责任的设计

为一个景点或公园想出一个创意是一回事,而动手去实现它又是另外一回事。你必须进行数学演算、工程研究,并将所有包含在内的东西整合在一起。而这些,也不过是冰山一角。例如,在旺季,一座迪士尼乐园一天就要迎来5万游客。不管你的景点创意有多新奇,如果它每小时只能容纳20人次游览,这个项目就不可能提上日程。

游客只有感到舒适时,才是一名快乐的游客。我们必须思考如何设计公园才能让它阴凉通风,要如何设计舒适的载具,如何才能避免游客迷路,以及如何安排让游客重振精神的中途驿站。只有能够解决问题的设计才是好设计。永远不要说"我们稍后再考虑它"或"到时候再说",你应该提前解决问题。

每次都出手不凡

幻想工程难度极高。迪士尼乐园招牌性的三维立体沉浸式娱乐,是所有娱乐形式中最难的一种,因为我们必须一砖一瓦把它搭建起来。一家剧场，如果发现生意冷清，大可以一夜之间改头换面；一部电影如果很烂，影院可以直接将其下线；一部电视剧播完一季后如果反响平平，电视台不再投拍便是。但迪士尼乐园的景点都是钢筋水泥的庞然大物，我们必须做到每次都出手不凡。然而我们也有自己的优势，和银幕上为所欲为的特效不同，我们在现实世界铸造的奇迹更加令人震撼。越神奇，就越能让游客流连忘返。

结语
ONE LITTLE SPARK!

世界上最可怕的事

你不会真的以为我会让凯文来写结束语吧？我们是多年的老友——因为我就是对优秀的洗碗工有着莫名的好感！但我实在对自己上一本书《敢想！敢做！》的结尾方式情有独钟。所以我问迪士尼出版社主编温迪·莱夫孔能不能用同样的方式来结束这本书，献给所有热爱冒险，敢于尝试的人们。

看待空白页的方式有两种

这是我在幻想工程经常说的一句话："看待空白页的方式有两种。你可以把白纸看成是世界上最恐怖的东西，因为你必须在上面画下第一笔；也可以把它看作最好的良机，因为你有机会在上面画下第一笔。发散想象力，你就能创造出一个全新的世界。"

就算这句话是老生常谈也无所谓。我记得乔治·卢卡斯在星际遨游 (Star Tours) 的项目会议上说过："不要避开老生常谈。有的话之所以是老生常谈，因为它们的确很有道理。"

最终，我们用宽 23 厘米，长 30 厘米的小册子搭配文字和图片来凸显这一理念的重要性。我的画家朋友约翰·霍尔尼为这本书设计了故事插话。除了故事的初始副本之外,其他页面都是空白的。

去吧,去做任何你觉得有趣的事情!

人生就像一张白纸,你永远不知道它可以是什么样子,直到你开始往上涂鸦!

致 谢
ONE LITTLE SPARK!

不管是对于已离职的，或是现任的幻想工程师，在写作《卖创意》上，我都欠了他们很大的人情。华特·迪士尼创立幻想工程机构（1952更名为 WED 公司，即 Walter Elias Disney Enterprises）的目的，正是为了筹建迪士尼乐园。有着 61 年历史的幻想工程早已是世界上最受敬重的创意设计团队之一，主要负责分布在三个洲的 11 家迪士尼公园及度假村的开发建设。在这 60 多年里，他们用幻想画笔施展魔法，为数十亿人带来了幸福和欢笑。

第一批幻想工程师都是我的导师，而作为迪士尼公司前副总裁及首席创意执行官，我又领导了如今的幻想工程团队。能用本书架起这两者之间的桥梁，我感到雀跃万分。我很高兴能借助 75 位幻想工程师的文字、思想、经验和金玉良言，在《卖创意》里向全世界介绍这群特殊的创意人才，当然，还有我自己。不管你是想要成为一位幻想工程师，还是希望帮助他人实现这样的梦想，我都希望你能在本书中找到灵感和动力。

此外，我还要感谢为出版此书做了大量工作的人。首先，是我特别喜欢的迪士尼出版社编辑温迪·莱夫孔，她是特定项目的编辑主任。

温迪和她的下属（尤其是温妮·何，展现出了极大的热情和设计天赋）为我们提供了最一流的支援服务，就像我的助手理查德·柯蒂斯一样激情满满。帕蒂·牛顿绘制了两幅了不起的地图，一定能引导更多杰出创意人才来到迪士尼幻想工程。

我还要特别感谢两位真正将这本书编辑整理好的人：我的妻子莉亚和"斯克拉的编辑"——我的女儿莱斯莉。莱斯莉非常严格，尤其是对她的父亲。但事实上，正是莱斯莉的优秀编辑能力，以及她对质量、准确度的严格把关，使得这本书如此出色。说莱斯莉是本书的编辑一点都不为过，这也表示了我对她的尊重和感激。

我还想向理查德·谢尔曼致以最衷心的感谢。对我来说，他就是"现世传奇"——当然也是迪士尼传奇。这是理查德第二次为我的书撰写推荐序了。他的信任，是我莫大的荣幸。格兰·基恩与我惺惺相惜。正是他读完《敢想！敢做！》后给我写的信给了我灵感，让我萌生创作这本新书的想法。

在拟书名阶段，我受温迪鼓舞，向诸位前幻想工程师发信息咨询建议。多年来，我一向支持迪士尼主题公园在策划娱乐活动时，更多地用歌曲表达主题。我是迪士尼歌曲的忠实信徒，至于原因，稍后揭晓。想起迪士尼的娱乐项目，尤其是电影、电视、迪士尼乐园演出，以及百老汇剧场时，你的第一"印象"根本不是来自视觉体验，而是来自听觉，来自一首歌曲！

我将列出一些迪士尼和皮克斯的电影及其配乐，向你证明我的观点——不需要电影标题或关键角色海报，听到音乐便知道是哪个迪士尼故事：*You've Got a Friend in Me*（《玩具总动员》主题曲）、*I Wanna Be Like You*（《森林王子》）、*Kiss The Girl*（《美人鱼》）、*Can You Feel the Love Tonight*（《狮子王》）、*Just Around the Riverbend*

(《风中奇缘》)、*A Whole New World*（《阿拉丁》）、*I Just Can't Wait To Be King*（《狮子王》）、*He's A Tramp*（《小姐与流氓》）、*I've Got No Strings*（《木偶奇遇记》）、*Let It Go*（《冰雪奇缘》）、*Give a Little Whistle*（《木偶奇遇记》）、*Whistle While You Work*（《白雪公主》）、*Beauty and the Beast*（《美女与野兽》）、*Some Day My Prince Will Come*（《白雪公主》）、*When Somebody Loved Me*（《玩具总动员》）、*Baby Mine*（《小飞象》），以及谢尔曼兄弟所作的 *Supercalifragilisticexpialidocious*（《欢乐满人间》插曲）。

　　许多歌曲在迪士尼主题公园的骑行设施和现场戏剧表演中都起到了关键的作用。我的想法是，创作更多的"原创"歌曲。我们可以回想一下迪士尼主题乐园里的原创歌曲："文明演进之旋转木马"项目的背景音乐是 *There's a great big beautiful tomorrow*（《未来小子》插曲）；"加勒比海盗"则用了 *it's a small world* 和 *Yo Ho*；幽灵鬼屋的背景音乐是 *Grim Grinning Ghosts*；明日世界中的美国探险项目采用的是 *Golden Dreams*；陆地馆的配乐是 *Listen to the Land*；迪克和鲍勃·谢尔曼更为明日世界的幻想之旅创作了 *One Little Spark*。

　　这就是为什么我将书名定为《一枚小火花》（英文原书名）的原因。我的目标就像这首歌的歌词一样简单：为年轻人才提供职业建议，让他们了解幻想工程师如何完成伟大项目，以及怎样成为其中的一员。这本书不仅适用于未来的幻想工程师，每一位爱创造、拥有创造才能的人才都可以从中汲取有用的建议。我们所有人都希望这本书能够帮你实现梦想，正如歌词所说的那样："一个可以实现的梦，一个可以成真的梦，只需要那枚小火花，在你我之间传递。"

　　感谢谢尔曼兄弟，感谢自米奇第一次于1928年在《威利号汽船》（*Steamboat Willie*）中吹起口哨后，做出贡献的所有作词者，非常真诚地感谢你们。我已经迫不及待地想要分享下一个精彩的迪士尼故事，一个未见其人，先闻其声的故事，一个会在荧幕暗下去、骑行设备停止后依然被呢喃的动人故事。

关于《敢想！敢做！》
ONE LITTLE SPARK!

格伦·基恩将自己描述为"用铅笔赋予一个角色以生命力"的艺术家。在近 40 年的迪士尼生涯中，格伦的奇妙画笔创造了一个又一个如美人鱼、野兽、阿拉丁和泰山这样经典的动画角色。2007 年，由于其对动漫产业的毕生奉献，格伦获得了代表业界最高荣誉的温瑟·麦凯奖。通过将手绘与电脑处理相结合，格伦为谷歌创作的一部探索性动画影片和一部探索虚拟世界的交互式短片都得到了业界的高度赞赏。下面是格伦在读过我的回忆录《敢想！敢做！》后，写给我的一封信。

亲爱的马蒂：

我们刚乘坐飞往巴黎的航班。至少我觉得是这样的，因为我一路都在享受你的回忆录《敢想！敢做！》。几周之前，我们在加州迪士尼大酒店会见完耐克公司的代表之后，你把这本书送给了我。随后我就带着这本书登上了飞往巴黎的航班。在飞机上，我一口气读完了你的书。对于在巴黎和洛杉矶之间往返过无数次的我来说，唯有这一次，飞机上的时间不是那么难熬！

你的语言幽默、权威、坦诚，我从中受益良多。多么希望你在30年前就写下这样一本书，那么，或许我早就从华特迪士尼动画公司（Feature Animation）跳槽到你一直用心经营的迪士尼幻想工程中来了。

我尤其喜欢书中关于华特·迪士尼的故事。此前，我仅从迪士尼九大元老①口中听说过他的事迹；但现在，我对他有了更深的了解。还记得你讲到的一则轶事：华特要求赫布·赖曼在一个周末的时间内为迪士尼乐园构思一个概念。这个故事是无价之宝。

更有趣的是你和华特之间的对比。他的性格吝于赞赏，你则天生擅长鼓舞人心。我看到很多人受华特影响，继承了他很少恭维他人的领导风格。也时常听说你对自己的下属是何等爱惜，并通过正面激励和挑战来激发他们的最大潜力。在你的书里，我很享受你叙述自己如何激发他人才能的章节。

感谢你以自己的独特风格为迪士尼公司所做的一切。你愿意花时间把这些经历写下来，我感到很高兴。

向你致以最诚挚的感谢。

格伦·基恩

---

① Disney's Nine Old Men，是迪士尼公司开创时期的核心动画师，他们创造了从《白雪公主》到《救难小英雄》这段时期最知名的一系列动画长片。——译者注

感谢在职、离职和退休的幻想工程师们的参与,没有他们撰写的文字,也就没有这本书。

杰斯·艾伦	黛比·德尔马
艾尔弗雷德·阿亚拉	约翰·丹尼斯
格伦·巴克	安迪·迪吉诺瓦
伊夫斯·本耶特	斯坦·多德
巴里·布雷弗曼	戴维·德拉姆
芬坦·伯克	玛姬·欧文·艾略特
吉姆·克拉克	伊莱·埃兰德森
小奥斯卡·科沃斯	佩吉·法里斯
洛里·柯尔特林	戴维·费希尔
保罗·科姆斯托克	奥玛尔·富恩特斯
戴夫·克劳福德	劳伦斯·格茨
布莱恩·克罗斯比	乔什·戈林
蒂姆·德兰尼	鲍勃·格尔

乔治·黑德	克雷格·拉塞尔
索特·霍尔梅	戴安娜·斯科格里奥
乔·赫林顿	乔治·斯克里布纳
丹尼尔·约瑟夫	科里·休维尔森
丹尼尔·朱	史蒂夫·"老鼠"·西尔弗斯坦
迈克尔·荣格	西伦·斯基思
马蒂·金德	兰尼·斯穆特
艾琳·库塔卡	埃迪·索托
戈登·莱姆基	米奇·斯坦伯格
凯西·曼格姆	德克斯·坦克斯利
纳尔逊·米查姆	多丽丝·塔特
史蒂夫·米勒	吉姆·托马斯
克理斯·蒙坦	谢尔比·伊格茨·蒂威尼
汤姆·莫里斯	瓦尔·乌斯莱
金·墨菲	迈克尔·瓦伦蒂诺
布莱恩·内夫斯基	布鲁斯·沃恩
拉里·尼古拉	约翰·维里蒂
约翰·奥尔森	鲍勃·韦斯
迭戈·帕拉斯	库尔特·温
阿贝·奎本	多丽丝·哈同·伍德沃德
凯文·拉弗蒂	欧文·吉野
汤姆·鲁道斯基	苏珊·扎瓦拉
克里斯·朗科	佐菲亚·科斯特尔科·爱德华兹

中资海派出品
为精英阅读而努力

**以真诚的社交互动激发
消费者对品牌的持续追捧**

◆ 宝洁旗下的品牌——秘密，原本已被挤出女性用品市场，却因一则简单的广告销量激增85%，它是如何做到的？

◆ 巴塔哥尼亚，户外品牌中的Gucci，力劝客户勿轻易购买其产品的傲慢举动，为何能吸引更多客户买单？

◆ 连锁店遍布全球的帕拉纳面包，传递了怎样的正能量，使得单店平均销售额从110万美元飙升至240万美元？

社交时代，企业永续成功的秘诀只有一个——赢得客户信赖。这种信赖与病毒视频和热门推荐无关。精明的消费者会一眼识破那些换汤不换药的把戏，企业再也无法以引诱、恭维或哗众取宠来换取消费者的忠诚。

作者在《疯赞》中结合新锐研究成果、引人入胜的案例和实用操作建议，分享了企业在社交时代茁壮成长的秘诀。

[美] 鲍勃·加菲尔德 著
道格·莱维
陈书 译

中资海派出品
定 价：39.80 元

**消费者更偏好融入了
企业精神特质的产品**

让消费者赞不绝口的互联网超额盈利指南

万人疯赞，千万人追捧的社交媒体营销宝典！

"iHappy 书友会"会员申请表

姓　名（以身份证为准）：_____；　性　别：_____；
年　龄：_____；　职　业：_____；
手机号码：_____；　E-mail：_____；
邮寄地址：_____；　邮政编码：_____；
微信账号：_____（选填）

请严格按上述格式将相关信息发邮件至中资海派"iHappy 书友会"会员服务部。
　　邮　箱：zzhpHYFW@126.com
　　微信联系方式：请扫描二维码或查找 zzhpszpublishing 关注"中资海派图书"

	订阅人		部 门		单位名称	
优惠订购	地 址					
	电 话			传 真		
	电子邮箱		公司网址		邮 编	
	订购书目					
	付款方式	邮局汇款	中资海派商务管理（深圳）有限公司 中国深圳银湖路中国脑库 A 栋四楼　　邮编：518029			
		银行电汇或转账	户　名：中资海派商务管理(深圳)有限公司 开户行：招行深圳科苑支行 账　号：81 5781 4257 1000 1 交通银行卡户名：桂林　　卡　号：622260 1310006 765820			
	附注	1. 请将订阅单连同汇款单影印件传真或邮寄，以凭办理。 2. 订阅单请用正楷填写清楚，以便以最快方式送达。 3. 咨询热线：0755-25970306 转 158、168　　传　真：0755-25970309 转 825 E-mail：szmiss@126.com				

→ 利用本订购单订购一律享受九折特价优惠。
→ 团购 30 本以上八五折优惠。